JN095986

日本官能評価学会 編

必読
官能評価士
認定テキスト

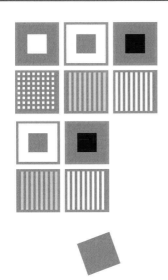

㈱霞出版社

■ まえがき ■

　官能評価士テキストの初版が発行されたのは、2009 年（平成 21 年）11 月 25 日のことである。本テキストは、日本官能評価学会が官能評価の専門家の育成と、適正な官能評価の普及を目指して官能評価士認定制度を発足させるに際し、資格取得のための受験用テキストとして出版された。翌年 2010 年 1 月には最初の官能評価士資格認定試験が行われた。今般 2019 年に制度発足後 10 年を経過したことや、社会的な官能評価に対するニーズが益々の高まりをみせているという状況を考え、テキストの見直しを行うこととなった。

　全体は以下の 6 章から構成されている。

　第 1 章　官能評価とは

　第 2 章　感覚

　第 3 章　実施上の注意

　第 4 章　基本的な統計手法

　第 5 章　官能評価手法

　第 6 章　多変量解析

　内容的には初版同様、官能評価の基礎的知識を順序立てて、まとめたものである。

　執筆陣は、一般社団法人日本官能評価学会に所属する会員、あるいはその共同研究者達である。したがって、官能評価又はその周辺の専門知識を広く有していると共に、最も実践的な経験を有する研究者・技術者で構成されている。

　当学会では以前からイベントとして、年間 3 回のワークショップ（WS）を実施している。すなわち、官能評価の実践経験の浅い人達対象の WS、既に教育現場やモノづくりの現場で官能評価を駆使して活躍している人達対象の実践的 WS、それに官能評価データの集計解析方法を習得するための基礎統計講座である。執筆者らは、それぞれコーディネーターとして WS に参加して、現

場で活躍している研究者・技術者とコミュニケーションを取りながら、官能評価の問題意識を共有してきた。今回の出版においては、これらの経験が随所に活かされ初版の改訂を行うことができたと考えている。専門性の高い内容部分は平易な説明に注力し、できるだけ例示することに努めた。また、初版に比べて、説明も簡潔に述べるように心がけた。更に、最近のソフト開発に伴う新たな官能評価手法も追加された。

したがって、本書は官能評価の入門書として、また既にある程度の実績を積んでいる研究者・技術者に活用していただける内容になっている。

このテキストで使用している専門用語は「JIS Z8144 官能評価分析―用語」に収録されているものについては、原則それに従っているが全面的に従うものではない。

この度の出版に合わせ、テキストのサイズをB5版からA5版にダウンサイジングした。このことにより、いつでも、どこでもテキストを手元に置いて参照することができるであろう。通勤途中の電車の中で、会議室での打ち合わせの席で、また実験室で実験台の上に置いてなど気軽にお使いいただけることを望んでいる。

本書の作成にあたり、貴重な時間を割いてご協力いただいた執筆陣の皆様、一般社団法人日本官能評価学会関係者の皆様には、心からのお礼を申し上げる。また、本書の出版にあたり、ご協力くださった矢島美知子様はじめ霞出版の方々に感謝申し上げる。

2019年（令和元年9月）

一般社団法人 日本官能評価学会 会長

小塚　彦明

■ 目 次 ■

第3章　実施上の注意

第4章　基本的な統計手法

第6章　多変量解析

第1章 官能評価とは

||||||||||||||||||||||||||||||||||||||||||||||||||||||||||||||||||||||||||||||||||||||||||||||||||||||||||||||||

1．官能評価とは

　官能評価とは、人の五感（視覚、聴覚、嗅覚、味覚、触覚）によって物や人の特性を評価すること、およびそのための方法である。

　今日、産業界で広く使われている実験手段である。

　例えば、

　　　視　覚：ファッションや車のデザイン

　　　聴　覚：オーディオ装置の音質や家電製品の騒音

　　　嗅　覚：香水の香りや環境汚染の悪臭

　　　味　覚：調味料や食品・飲料の味

　　　触　覚：ティッシュの肌触りや織物の風合い

　　　総合的感覚：車の乗り心地

　これらの感覚による評価の過程には、実験者と評価者という「人」や「環境」が介在してくる。そのため、刺激に対する応答に色々なノイズが入ってきて問題が複雑になってくる。特に物理的測定と異なる点は、人の感覚生理や感覚心理の問題が絡んでくるので留意する必要がある。

1.1 官能検査と官能評価

　人の感覚を用いる官能評価は、かつて官能検査と呼ばれ広く産業界の優れ

たモノおよび品質づくりに貢献してきた。その流れは、基本的に現在も何ら変わるところはない。しかし、近年産業界のモノづくり技術は格段に進歩し、単にモノを作って売るだけでは競争力や差別化にならなくなってきた。

　すなわち、消費者側からみれば、それに何らかの利便性や心地よさなど一種感動を覚える要素が備わっていることが求められる。このような背景のもと、官能検査（Sensory inspection）は、今までよりも、より広く人の感性に関わっていくことが必要になり、消費者の求める商品開発において欠かせないツールとして、官能評価（Sensory evaluation）が広く認知されるに至っている。

　したがって、官能検査と官能評価は、概念上以下のような違いがあると言える。

　　　　官能検査：一定の判断基準があり、品質の良否や合否の判定をする
　　　　　　　　　行為
　　　　官能評価：消費者から求められるコト・モノを明らかにし、それを具現
　　　　　　　　　化するためのシステム全体

1.2　なぜ官能評価が必要なのか[1]

　文明社会に住むわれわれは生活に必要なさまざまな尺度、たとえば長さ、重さ、時間、温度を考案し、それらを正確、精密に計ることで社会を発展させてきた。

　一方、われわれが日常経験する事象、朝の空気が爽やかだとか、自動車の乗り心地がよいとか、夜景がロマンチックというような感覚や情緒的経験は上記のような物理的尺度で計測することはできない。

　たとえば、赤ワインをきき酒する場合、まずそのワインの色、香り、味の特徴を把握し、できれば 1 ～ 5 点のように数値化する。次に知識のライブラリーの中からそれに近い産地、銘柄、生産年の変動幅以内にあるかどうか検討し、それらの特徴を誰にでも理解できる言葉で表現する必要がある。これが官能評価であり、言葉が（ワインの）品質を表す尺度になっている。

　消費者の一連の行動（商品の購買→消費→再購買）では、無意識のうち

に消費者自身の官能評価が行われている。これに合わせて、産業界の多くの
モノづくりの現場でも、消費者の信頼を裏切らないように官能評価が行われて
いる。

　出荷検査はもちろんのこと、品質保証期限、あるいは使いやすさなど実際
の消費者の生活の場を想定して、科学的検証と併せて官能評価による検証が
行われている。

1.3　分析型と嗜好型*

　官能評価には、人の感覚や情緒的側面をa「好き―嫌い」のような尺度で
示して主観的に評価する嗜好型官能評価と、ワインなどの味や香りの特徴に
b「差があるかないか」、あるいは指定された味や香りの強度を「強い―弱い」
のような尺度で客観的に評価する分析型官能評価がある。またその他に、分
析型官能評価の一種で、高度に訓練された専門家がc「良―不良」のような
尺度で評価する評価型官能評価と呼ばれるものがある。

　官能評価の実験を行う場合は、評価対象のa「好み」、b「差の有無や強さ」、
c「良さ」など測りたい目的を明確にし、それを評価する人（評価者）を決める。

1.4　評価者

　官能評価の評価者は、個人をパネリスト、その集団をパネルという。官能評
価の実験では通常 10 人超のパネルで行うことが望ましく、目的にもよるが通常
10 ～ 30 人程度で行われる場合が多い。

　前述のaは嗜好型パネル、bは分析型パネル、cは専門家パネルと、それ
ぞれ知識・能力の異なるパネルが官能評価実験にあたる。

　嗜好型パネルは、味覚感度などの訓練の必要はないが、分析型や専門家
パネルは分析機器のような精確さが求められるので訓練された評価者集団であ
る。

＊ JIS　Z8144 では分析型を分析形、嗜好型をし（嗜）好形と標記されているが、本
テキストでは分析型、嗜好型で統一する。

1．5　官能評価に使われる尺度

　通常の官能評価実験では、評価者に試料と言葉（評価用語）、および下記（1）〜（4）のような尺度が提示され評価することが求められる。

　　（1）名義尺度：（例）男・女など性別や食経験の有無などの分類
　　（2）順序尺度：（例）好みなどの順位づけ
　　（3）間隔尺度：（例）7 点「非常にかたい」〜 1 点「非常にやわらかい」（7 段階尺度）
　　（4）比率尺度：（例）基準液の甘味の強さを 100 とした時の検液の甘味の強さの割合

　尺度に対するパネリストの応答は、一様ではなく得られるデータはばらつくのが一般的である。ばらつきの中から結論を導き出すには統計処理がしばしば行われる。

2．官能評価の沿革[2]

　官能評価がいつ発生したか、おそらく人類の発生とともに始まったものと推察される。しかし、数量化という手段が記録として残っているものに限定すれば、きわめて新しいことになる。1907（明治 40）年に清酒の第 1 回全国品評会が行われ、この時に採点法が用いられている。しかし、統計的方法を官能評価に適用した例は 1930 年代からではないかと考えられている。

　1940 年代に入ると、duo-trio test(1 対 2 点試験法)、triangular test(3 点試験法)、dual standard test（2 対 2 点試験法）などの方法が、その理論や方法の標準化の両面で、ケンタッキー州ルイズビル市 Quality Research Laboratory of Joseph E. Seagram and Sons において完成され（1941 〜 1942）、品質研究の面ばかりでなく、製品管理に初めて取り入れられたことは、工業における科学的手段としての官能評価の始まりという意味で特筆さ

れるべきであろう。

このように米国では官能評価は食品と飲料分野から広まった。1940 ～ 1950 年代の中頃行われた米軍軍隊食の受容性に関する大規模な研究で、フレーバーや嗜好の重要性が認識されたのが先駆けとなり食品工業を中心に大学にも広まった[3]。

我が国では 1955 年に、日本科学技術連盟（日科技連）に研究会が組織された[4]。心理学、生理学、統計学を中心とする学界と各種産業界の専門家らによる研究会がもたれ、独自の研究を発展させることになった。1957 年 9 月に第 1 回官能検査セミナーが開催され、以降 1970 年 6 月からは官能検査シンポジウム、1996 年には官能評価シンポジウムと名称を変更して、2001 年まで 40 年以上にわたり日科技連を事務局として継続されてきた。

この間に多くの手法の開発や各種手法を用いた実施例の蓄積があり、それを集大成して 1973 年 3 月に「新版 官能検査ハンドブック」が出版された。本書は現在でも官能評価のバイブル的役割を果たしている。

一方、当時からワインやビール等食品の国際的取引が活発化してきていた。その状況下で、その色、香り、味、テクスチャーなどを表現する言葉や意味が異なることがしばしば見受けられた。そのような中、用語の統一、普及を含めた国際的研究の必要性が増してきていたが、官能評価の研究を推進しその成果を発表する学会すら存在していなかった。

そこで、官能評価を学問として総括し、各分野の情報交換を深め、その幅広い応用について討議する学会を待望する声が高まり、1996 年 11 月 16 日（土）に「日本官能評価学会」が設立された[5]。1997 年 3 月には学会誌が発刊され、毎年 2 回順調に発行されている。

日本官能評価学会設立 20 年目の 2016 年 9 月には、法人格を取得し、「一般社団法人日本官能評価学会」として新たに登記された。法人としての再スタート後、学会の社会的責任が増す一方、会員数も順調に増加の一途をたどっている。

3．官能評価に関連する規格[6]

　日本工業規格（JIS）として 1979 年に JIS　Z9080 官能検査通則、と題して制定されていたが、1990 年に JIS　Z8144 官能検査用語が発行された。

　2004 年国際規格 ISO と整合させるため、それぞれを「JIS　Z9080 官能評価分析―方法」、「JIS　Z8144 官能評価分析―用語」に改正された。

　官能評価分析は、ISO の sensory　analysis に対応する。ISO では官能評価を単なる検査あるいは試験として扱っておらず、人の感覚器官を利用した測定・実験・データ解析・結果の解釈という一連のシステム全体として扱っている。そのため、JIS においても、システム的な側面を含めて「官能評価分析」と呼ぶことにした。

4．IFT の定義からみた官能評価[7]

　米国の Institute　of　Food　Technologists（IFT）の官能評価部門では "Sensory evaluation is a scientific discipline used to evoke, measure, analyze and interpret reactions to those characteristics of food and materials as they are perceived by the sense of sight, smell, taste, touch and hearing "（Anon,1975）としている。

　すなわち、官能評価とは五感によって感知されるところの食品や素材の特質に対する反応を呼び起こし、測定し、分析し、説明するために用いられる "scientific　discipline" とされている。これは科学的な学問分野とも訳せるが "discipline" には訓練、規律、戒めなどの意味もある。

5．組織と運営[8]

5．1　生産と消費の隔たり
　製品・サービスの開発は、いかに消費者のニーズを満たすかという問題に

置き換えられる。ところが、モノの生産と消費の間には未だ多くの隔たり（懸隔）があり、それが流通という機能によって架橋されている。

　更に、流通は、物流、商流、情報流から成り立っている。食品の開発では、このような流通全般を念頭に推し進める必要がある。そして、消費者のニーズに迫るという意味では、特に情報面での懸隔、すなわちギャップを種々のリサーチなどにより埋めることが重要となる。

5．2　生活者起点の発想

　消費者ニーズは、生活者の日常生活に根ざしている。しかし、そのニーズはメーカーには、なかなか目に見えない。それは、顕在化したニーズがある一方で潜在的なニーズ、それに消費者自身がまだ意識していない未知のニーズがあるからである。

　顕在化したニーズは、意識的で味覚・視覚・聴覚・触覚・嗅覚のいわゆる五感で捉えることができる。しかし、潜在的ニーズは、普通の状態では意識化できない部分であり、過去の記憶や経験・体験、人のキャラクターや感情が影響している。また、未知のニーズはメーカーにも消費者にもよくわかっていないので、消費者に聞いてもしょうがないのである。

　そこで、一般に新商品開発の初期段階や最終段階においては、曖昧な刺激を解決したり意味づけしたりしながら、これら消費者の感性を対象としたリサーチが行われ、目に見える形にする試みがおこなわれる。

　一方メーカーがリサーチを行う場合、しばしば作り手の論理が先行する。一般に自社の技術の独創性、市場での優位性・コスト・発展性などの評価軸で精査される。そして、消費者の意識にない価値観や、業界で使われることばなどで問いかけがなされることも多い。しかし、これでは消費者との間に認識のギャップが生じ、商品開発に対する有効な知識や情報は得られない。

　そのため、上記のような評価軸の観点から、客観的にみてくれる第三者～たとえば、官能評価の独立した専門部署～が社内に必要となる。開発担

当者の語り尽くせぬ想いを一緒になって引き出し、それを生活者・消費者のことばに翻訳したり、また生活者・消費者のニーズを理解し、逆にメーカーのことばに翻訳して開発者にフィードバックするなどの役割が考えられる。つまり、外にあった技術開発の基になる知識や情報をメーカー内に流入させ、とかく不確実といわれる技術を有効に機能させる流れをつくることともいえる。

　いずれにしろ、官能評価をはじめとしたリサーチは生活者・消費者と共に更にいいものに仕上げていくプロセスであるという認識が求められる。

5.3　組織運営の方向性

　食品開発の初期段階においては、おいしさ評価のビジョンづくりが重要である。これは、開発商品のあるべき姿に対する構想ないし願望である。将来の目標を明示し、それを共有化することにより組織の構成員に積極的な参画意識を醸成できる。

　たとえば、官能評価室というおいしさ評価の専門部署ができ、それ以前には、事業部内のクローズドな開発会議で商品化の決定がなされていたとする。その決定には事業部トップの「鶴の一声」がものをいう構図ができあがっていることも多い。良い―悪いの問題ではなく、これもひとつの開発スタイルともいえる。

　一方、開発を担当する研究開発部門では開発途中の試作品を、自らが評価するという極めてバイアスのかかった方法で、官能評価を実施している姿もしばしば見られる。事業部、研究開発部門の両者が一堂に会して打ち合わせの場面になると、それぞれから種々の調査データが提示されるということもよくある。しかし、調査の方法も質問の仕方も違うデータなので、共有化することは当然のことながら難しい。このような商品開発の課題を解決するために、「客観的」をキーワードに官能評価の専門部署をオフィス内に立ち上げるべきである。

　官能評価の専門部署は、開発プロジェクトの中で開発商品の官能評価を主におこなうが、広範な情報量、調査設計、データ収集・解析機能を使っ

て、プロジェクトの実質的なコーディネーターとなることが望ましい。それにより、社内でのおいしさづくりのベクトルを共有化することができる。

　すなわち、それは技術開発における目標品質（多くは、官能的表現）の明確化と、開発プロセスにおけるその技術的転写の検証、および事業部主導で行われていた市場における競争優位性などのマーケティング調査を事前にチェックするなど、情報の流れをコントロールすることである。このことにより、複数の部署での調査の重複や予算の浪費を回避すると共に、調査の体系化、および情報の一元管理も可能になるであろう。

6．GMP 人材の教育[9]

　GMP（Good Manufacturing Practices: 適正製造基準）は、もともとは1969 年に WHO（世界保健機関）総会で、採択された医薬品の製造と品質管理に関する基準である。我が国では、これをベースにして 1974 年厚生省が適正製造基準（GMP）を作成し 1976 年 4 月に実施に移した。

　GMP の主旨は、原料から最終製品の出荷に至るすべての段階において、十分な手順を踏んで品質管理することによって、消費者の安全を確保しようというところにある。

6．1　条件の標準化

　食品の製造現場では、原材料の受け入れ検査や、工程中の抜き取り検査、製品の出荷検査などに頻繁に官能評価が使われている。このような検査の特徴として、1日に同じ種類の試料を繰り返し味わうということがある。そこには、当然のことながら再現性が求められる。

　一方、官能評価は人の五感に頼って評価するため合否判定にバラツキが生じやすい。このため、

　　（1）限度見本の設定：合格品、不合格品それぞれの限度見本を設

定し、検査対象品と比較しながら評価する。

（2）評価手順の標準化：試料の性状や評価の目的に合わせて、調製
法や調理法、調理後の経過時間、調味料の使
用の有無、またどのような評価手法を用いたかな
ど条件を標準化し必ずマニュアルを作成しておく。

（3）評価環境の整備：室温、湿度、換気、照明などの環境条件
を一定に整備しておく。

6.2 実験者・検査員の教育

現場のマネージャーは、官能評価の実験者に、バラツキを如何に最小限
に抑え、データの精度を高めていくことが肝要かを、実験の全体像を熟知さ
せるとともに推進させるよう教育することが求められる。また、検査員には以
下のような一般的な教育が必要である。

（1）実験のやり方を会得させる（見方、嗅ぎ方、味わい方など）。

（2）試料に慣れさせ、特徴を覚えさせる。

（3）あり得る欠点や起こり得る欠陥を覚えさせる。

（4）評価用語や尺度の使い方を覚えさせる。

（5）妥当で安定した評価基準を確立させる。

（6）専門知識を与える（感覚のメカニズム、製造方法、官能評価の
基礎知識など）。

7．研究倫理

官能評価のみならず学術研究を志す者は皆、研究倫理を守らなければなら
ないことは自明のことといえるが、アメリカ心理学会（APA）は、学術論文を
執筆する者は必ず以下の目標を堅持し、所属の学術団体において確立されて
いる原則に従わなければならないとしている[10][11]。

その目標とは、①科学的知識の正確さを保証する、②研究参加者の権利を守り、不利益を与えない、③知的財産権を保証する、の3つである。

これらの目標を実現するために、多くの学術学会は様々な倫理規程を設けており、例えば、日本心理学会の倫理規程[12]には、「実験的方法にかかわる倫理上の指針」の中で、研究倫理を守るための具体的な指針が記述されている。

その内容を要約すると[11]

(1) 倫理委員会等の承認：

原則として，研究を実施する前に，研究者が所属する組織、もしくは実際に研究が行われる組織の倫理委員会等に具体的な研究計画を提出し承認を受けること。

(2) 実験参加者の心身の安全：

実験参加者に与える刺激条件や環境条件が実験参加者に与える身体的・精神的影響を十分に考慮した実験計画を立てること。

(3) インフォームド・コンセント：

実験開始前に、実験参加者に対し、実験の目的・方法、予想される苦痛や不快感などを含む実験内容、実験成果の公表方法、実験終了後の対応について十分に説明し、理解されたかどうかを確認した上で、原則として、文書で同意を得ること。また，実験を途中で中断できること、中断してもなんら不利益を被らないことを実験参加者に伝えること。

(4) 個人情報について：

実験データは厳重に保管・管理し、研究目的以外には使用しないこと、研究上の必要性がなくなったときにはすみやかに適切に破棄することを実験参加者に伝えること。

(5) 事後説明：

実験の終了にあたり、実験参加者の貢献に対して感謝の意を伝えるとともに、研究に関する十分な説明を行い、正確な理解を得る

　　ように努め、研究が実験参加者に悪い影響を与えることを未然にふせぎ、実験参加者からの質問や要望に対しては、誠実に回答し、不明な点については時間をかけて十分に説明すること、などである。

　　（4）との関係でいえば、官能評価の場合、行った実験結果を製品開発に利用することが多いが、その場合、目的が製品開発であることを実験参加者に事前に説明し了解をとっておくことが必要になる。

【引用文献】

1) 小塚彦明：暮らしの中のものさし‐官能評価とは, ペテロテック 38,pp.257（2015）
2) 日科技連官能検査委員会編：『新版官能検査ハンドブック, 第1章』, 日科技連出版社 ,pp.3-8（1973）
3) 山口静子：官能評価とは,『官能評価士テキスト』日本官能評価学会編 , 建帛社 ,pp.3（2009）
4) 増山英太郎：(財) 日本科学技術連盟での取り組み, 日本官能評価学会誌 ,1,pp.43-49（1997）
5) 吉澤淑：日本官能評価学会誌発刊に寄せて , 日本官能評価学会誌 ,1,pp.1-2（1997）
6) 日本工業標準調査会：JISZ8144, 日本規格協会 ,pp.11-13（2004）
7) 山口静子：IFT の定義からみた官能評価,『官能評価士テキスト』日本官能評価学会編 , 建帛社 ,pp.6（2009）
8) 小塚彦明：官能評価で探る食品開発の「真・善・美」, 日本官能評価学会誌 ,8,pp.14-17（2004）
9) 小塚彦明：「味」の検査員の教育と評価法,『GMP 人材の技能教育・資格認定法』, 技術情報協会 ,pp.498-505（2015）
10) American Psychological Association：Ethical principles of psychologists and code of conduct. https://www.apa.org/ethics/code/principles.pdf (2002)
11) 池田まさみ：研究倫理,『視覚実験研究ガイドブック, 第7章 第2節』市原茂, 阿久津洋巳, 石口彰（編）, 朝倉書店, 東京，pp.299-303 (2017)
12) 公益社団法人日本心理学会：倫理規程第3版. https://psych.or.jp/wp-content/uploads/2017/09/rinri_kitei.pdf (2009)

第 2 章 感覚

1. 感覚の大きさとその測定

1．1　心理量と物理量
（1）感覚の大きさや感度の測定

　私たちは様々な外界の対象の性質について、五感を用いて知ることができる。このような人の感覚について、大きさや重さ、距離などの量的な側面から、色や味などの質的な側面を持つものまで、客観的に、かつ正確に測定することが不可欠である。

　19 世紀以降の生理学や心理学では、このような感覚的な性質と物理的な性質との関係を記述する方法が提案され、発展してきた。これらは、官能評価においても重要な概念及び測定法である。

1）刺激閾（stimulus threshold）

　私たちに何かしらの感覚が生じる、あるいは感覚が生じたことに気付くためには、感覚器に対応したある程度の物理的なエネルギーが必要である。このような感覚が生じるかどうかの境目を刺激閾（stimulus threshold ／ stimulus limen）あるいは絶対閾（absolute threshold）といい、感覚が生じる最小の物理的な強度を閾値という。

　私たちの感覚に関する反応は、ある物理強度を境としてオフ／オンが生じるのではなく、物理強度の増大に伴って緩やかに感覚に関する

反応が増加していく。このような物理量の変化と反応に関する関数関係を示したものを心理測定関数あるいは精神測定関数（psychometric function）といい、図2-1のようにS字型の曲線を描いているとみなすことができるため、累積正規分布曲線（cumulative normal distribution curve）を当てはめて、横軸の物理強度の増加に対して縦軸の感覚が生じる確率（反応確率）が50％となる物理強度を感覚が生じる境目とみなし刺激閾として操作的に定義する。

　閾値の逆数を感度（sensitivity）という。刺激閾の値よりも低い強度の刺激を閾下刺激、それより高い、すなわち感覚が生じている強度の刺激を閾上刺激という。

　その一方で、閾上刺激であっても物理強度が大きくなり過ぎると、感覚器が損傷する、質が変わる、あるいは強度変化に対応した感覚の変化を感じることができなくなるなど、通常と同種の感覚が生じなくなる。このような同種の感覚が保たれる最大の物理強度を刺激頂（terminal stimulus）という。

　例えば、5km ～ 8km以上距離が離れると、距離の違いはわからなくな

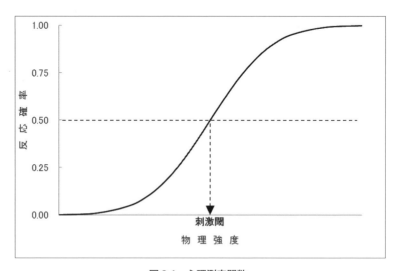

図2-1　心理測定関数

る（最遠平面）[1]。他にも、視覚では高すぎる輝度は網膜を損傷させ、聴覚では大きすぎる音圧は痛覚に変わる。刺激頂の値には痛覚などの他の感覚に変化する境の値を用いることが多い[2]。

2）弁別閾（difference threshold）

　私たちは照明の強さ、色の違い、味の濃さ等を判別することができる。物理強度が異なっていても差異が小さい場合にはこのような違いに気がつくことはできない。このように、同種の刺激の違いを感知できるかどうかの境を弁別閾（discrimination threshold）といい、弁別できる最小の強度の差異を弁別閾値あるいは丁度可知差異（just noticeable difference: jnd）という。

　弁別閾も刺激閾と同様に、差があることが検知される確率は緩やかに変化していく。判断の基準となる標準刺激 SS に対し、標準刺激と比較するための比較刺激 SC を同時あるいは経時的に提示し、例えば比較刺激が標準刺激と比べ"大"か"小"かを2件法で判断させ、"大"の反応確率が75％になる物理強度 SU と、25％になる物理強度 SL を算出する。それぞれの値と標準刺激 SS との差をそれぞれ上弁別閾 ΔSU（ΔSU = SU - SS）、下弁別閾 ΔSL（ΔSL = SL - SS）という。さらにこれらの値の平均を算出した値が平均弁別閾 ΔS である。弁別閾も刺激閾と同様に差異に関する弁別能力が高いほど低い値となる。

　また、ある感覚の弁別閾は絶対的な値ではなく、強度の程度に伴い変化する。例えば、100 g と 103 g の重さの違いは検出できるが、300 g と比較して違いを検出するためには 309 g の重量が必要である。ウェーバー（Weber, E. H.）は、様々な弁別閾の実験を行い、多くの感覚において弁別閾 ΔS が標準刺激の物理強度 S に比例する、言い換えれば、弁別閾 ΔS と標準刺激の物理強度 S との比が一定となることを見出した。この法則は以下の式により表現できる。

$\varDelta S / S = k$　（kは定数）

　このようなウェーバーの示した弁別閾と標準刺激の物理量に関する関係をウェーバーの法則（Weber's law）という。また、$\varDelta S / S$をウェーバー比（Weber ratio）といい、値が小さいほどわずかな強度の差異を識別でき、弁別力が高いことを意味している。

　ウェーバーの法則は、標準刺激の物理的な強度が極端に強い、あるいは弱いときには成立せず、ウェーバー比も大きく変わることが知られている。

3）主観的等価点（point of subjective equality：PSE）

　私たちは、2つの対象のある性質について、物理的に等価でなくても、感覚的には等価であると感じることもある。このような強度を主観的等価点といい、判断の基準となる標準刺激 SS に対し、標準刺激と比較するための比較刺激 SC を同時あるいは継時的に提示した際に主観的に等しいと感じられる物理量を測定することで求められる。

　水平・垂直や、赤らしい赤や青らしい青、あるいは良い（整った）円や矩形などの感覚的な特性は、比較刺激がなくても判断を行うことができる。このような特性を絶対特性といい、主観的等価点の測定に準じた方法で測定できる。

（2）心理物理学（psychophysics）

　ものの長さや重さなどは、ものさしやはかりなどを用いることで対象の特徴を数量化し、他人と対象に関する認識を共有することができる。

　このように対象の特徴を数量化することが測定であり、そのために用いるものさしなどは値の性質を記述する尺度ともいえる。心理学では、私たちの感覚について尺度化を行い、物理的な性質と感覚の間に規則性や法則性を見出すことができる。

　このような感覚の尺度化の試みにはフェヒナー（Fechner，G. T.）の考え方が深く関わっている。物理学者であったフェヒナーは、身体と精神、物質世界と心的世界、物理的世界と心理的世界、それぞれの間には関数関係あるいは依存関係があると考え、精神物理学を提唱した。元々はある刺激によって生じた神経興奮（身体的活動）と感覚（精神的活動）の関係の探求であるが、現在は、刺激（物理的特性）と感覚（心理的特性）の関係に関する基礎的研究として、心理物理学と呼ばれることも多い。

　フェヒナーは、弁別閾に基づき感覚の大小関係を知ることで感覚を間接的に数量化することが可能であると考え、弁別閾に関するウェーバーの法則を展開し、下記の式のように、感覚 R は、物理強度 S の対数に比例することを示した（<u>フェヒナーの法則；Fechner's law</u>）。

$$R = k \log S + \alpha \quad (\alpha、k は定数)$$

（元来、フェヒナーの法則では S ではなく、刺激閾の値 S_0 で割った値（S / S_0）を用いるが、刺激の単位 $S_0 = 1$ とみなし、上記の式を用いることがある。α は $-k \log S_0$ で与えられる[3]。）

　この式によれば、物理強度 S が大きくなればなるほど変化に伴う感覚量の変化量は小さくなる、すなわち、物理強度が大きいときには弁別のために大きな変化量が必要であることを示している。また、フェヒナーの法則はウェーバーの法則を基礎としているため、ウェーバーの法則と同様に限られた範囲でしか成立しない。また、感覚的に同じ差があったときに、その差がどのようなときにも同じ弁別閾の個数で説明ができるのかなど、その適切さについて種々の点から批判されることもある[4]。

　スティーブンス（Stevens, S. S.）は、感覚の大きさを直接数量的に測ることが可能であると考え、測定したいある感覚を、基準となる感覚に対して数値で応えさせる、<u>マグニチュード推定法（magnitude estimation）</u>を開発した[5]。この測定法では、標準刺激に一定の数値（モデュラス：modulus）を与え、比較刺激の主観的な強度について、そのモデュラスと

の比率から数値による直接評価を行う。

　例えば、明るさの判断において、標準刺激の明るさを 10 としたときに、比較刺激として提示されたものの明るさについて、標準刺激の半分程度の明るさであると感じれば5、倍の明るさであると感じれば 20 のように回答を行う（スティーブンスによれば、モデュラスを用いない方法（free modulus magnitude estimation）も提案されている[5]）。この測定法により、様々な感覚について物理強度 S の対数と感覚量 R の対数との間に以下の式で示される直線関係が成立することを示した。

　$\log R = n \log S + \log k$（n、k は定数）

　この式は物理量と感覚量をそれぞれ対数軸として縦軸、横軸にするとグラフ上で傾き n の直線として表されることを示している。この式を変形すると、以下のベキ関数の式となる。

　$R = k S^{n}$（n、k は定数）

　このように、ベキ関数で示すことのできる物理量と感覚量の数量関係を、スティーブンスの法則（Stevens's law）、あるいはスティーブンスのベキ法則（Stevens's power law）という。定数kは測定単位やモデュラスの大きさに依存し、ベキ指数（power exponent）である n は感覚の種類によって異なる（表 2-1）。

　この値は物理的な強度に対する感覚の変化の仕方を表しており、指数が1であれば、物理量の変化に対応して直線的に感覚も変化し、指数が1より大きければ物理量の変化に比べ感覚が急激に変化し、1 より小さければ物理量の変化に比べ感覚の変化が小さいことを示している。

1．2　心理物理学的測定法（psychophysical methods）
（1）古典的測定法

　弁別閾や刺激閾、主観的等価点などを測定するためにフェヒナーが考案

表2-1　スティーブンスのベキ指数[5]（Stevens (1975) を基に作成）

連続体（Continuum）	測定されたベキ指数 （Measured exponent）	刺激の条件 （Stimulus condition）
音量 (Loudness)	0.67	3000 Hz の音の音圧
振動 (Vibration)	0.95	指への60 Hz の振動の振幅
振動 (Vibration)	0.6	指への250 Hz の振動の振幅
輝度 (Brightness)	0.33	暗闇の中の視覚5°の視対象
輝度 (Brightness)	0.5	点光源
輝度 (Brightness)	0.5	短時間の点滅
輝度 (Brightness)	1.0	点光源の短時間の点滅
明度 (Lightness)	1.2	灰色の紙の反射
見た目の長さ (Visual length)	1.0	投影された線
見た目の面積 (Visual area)	0.7	投影された四角形
赤さ（彩度）(Redness(saturation))	1.7	赤色と灰色の混合
味 (Taste)	1.3	ショ糖
味 (Taste)	1.4	塩
味 (Taste)	0.8	サッカリン（人工甘味料）
におい (Smell)	0.6	ヘプタン（石油臭）
冷たさ (Cold)	1.0	腕に金属を触れさせる
暖かさ (Warmth)	1.6	腕に金属を触れさせる
暖かさ (Warmth)	1.3	皮膚への熱照射（小領域）
暖かさ (Warmth)	0.7	皮膚への熱照射（大領域）
不快感（冷たさ）(Discomfort, cold)	1.7	全身への冷気の照射
不快感（暖かさ）(Discomfort, warm)	0.7	全身への熱気の照射
熱痛 (Thermal pain)	1.0	皮膚への熱の放射
触覚による粗さ (Tactual roughness)	1.5	布やすりでこする
触覚による硬さ (Tacual hardness)	0.8	ゴムを握る
指間の距離 (Finger span)	1.3	ブロックの厚さ
掌への圧力 (Pressure on palm)	1.1	皮膚への一定の力
筋力 (Muscle force)	1.7	一定の収縮
重さ (Heaviness)	1.45	重りを持ち上げる
粘度 (Viscosity)	0.42	シリコンの流体をかき混ぜる
電気ショック (Electric shock)	3.5	指へ電流を流す
声の大きさ (Vocal effort)	1.1	声の音圧
角加速度 (Angular acceleration)	1.4	5秒間の回転
時間間隔 (Duration)	1.1	ホワイトノイズ

し、整理・発展した調整法、極限法、恒常法などの測定法は、精神物理学的測定法あるいは心理物理学的測定法と呼ばれ、官能評価でも用いられる重要な測定法である。

1）調整法（method of adjustment）

　調整法は、連続的に変化させることのできる比較刺激を、標準刺激と等しく感じるように等、課題に即した所定の表れ方となるようにパネル自身が操作し調整する測定方法である。主観的等価点などの等価刺激を測定す

るのに主に用いられる。

　提示の際には、比較刺激を小から大へ変化させて調整をしていく上昇系列（ascending series）と、大から小へ変化させて調整をしていく下降系列（descending series）がある。パネルに理解しやすく、手続きも簡便であるが、パネルの意図的な修正を受けやすく、また比較刺激を連続的に変化させることができないときには、用いることはできない。

２）極限法（method of limits）

　極限法は、測定者が比較刺激を一定の間隔で一定の方向に変化させ、その都度比較刺激について、パネルに標準刺激と比べて、"大きい" "小さい" などの二肢か、それらに "等しい" を加えた３件法による判断を求め、判断の変化する点を求める。提示する比較刺激の範囲や間隔は予備実験で決定する必要がある。

　調整法に比べると適用範囲も広いが、慣れによる誤差や期待誤差の影響を受ける可能性もある。提示順による系列効果を生じさせないように、標準刺激が小から大へと変化していく上昇系列と、大から小へと変化していく下降系列の両方の系列を用いる。

３）恒常法（method of constant stimuli / constant method）

　恒常法は、主観的等価点や閾（いき）に加え、定比値や等価差異値の測定も可能である。求めようとする値を範囲内に含み、一定の間隔で変化する有限個の比較刺激をあらかじめ決定した上で、それらを一つずつランダムに提示し、パネルに判断を求める。それぞれの比較刺激に関する判断確率を算出し、その反応分布から必要な値を算出する。

　比較刺激がランダムな順で提示されることで作為的な判断をしにくくなり、正確なデータを得ることができるが、判断確率の算出のために同一セットの刺激を繰り返し提示するため、測定に時間がかかり、パネルの疲労や単調感などの影響を受けやすくなる。

（2）適応的測定法（adaptive psychometric method）

　前述したフェヒナーにより考案され引き継がれてきた古典的測定法は原理が単純であるが、試行数やデータのばらつきの観点からは効率が悪く、それらに変わる測定法として、適応的測定法が提案されている[6]。古典的な心理物理学的測定法との主な違いは提示される強度が閾値近傍になるように配慮していることにある。

　測定しようとしている値の心理測定関数の形状が未知の場合はノンパラメトリックな測定法を、心理測定関数について事前にいくつかの変数による記述が可能、あるいは関数の形が既知の場合はパラメトリックな測定方法を用いる。

1）ノンパラメトリックな測定法

　この測定法では、物理強度の変化に応じて感覚量が単調に増加あるいは減少することのみが保証できれば適用することができ、極限法を発展させた上下法やヒューリスティックな規則を用いて物理強度を変化させるPEST（Parameter Estimation by Sequential Testing）などがある[7]。

2）パラメトリックな測定法

　この測定法を用いる際には、累積正規分布、ロジスティック関数、ワイブル関数などを心理測定関数のモデルとし、心理測定関数の形とパラメータを事前に決定した上で、測定値から関数により閾値と傾きを推定していく。パラメトリックな方法には最尤法、ベイズ推定、QUEST[8]やその改良版のZEST[9]などがある。

3）信号検出理論（theory of signal detection）

　心理物理学測定法における問題点として、同じ反応をした場合でもパネル毎に判断基準が異なっている可能性があることがあげられる。

　例えば、何かの検出課題について、同様に「ある」と応えた場合でも、

少しでも感じたからそのように反応をするパネルと、確実に感じる場合のみ反応をするパネルがいる可能性があり、その場合の測定結果はパネルの感度と判断基準どちらによるものなのかを明確にすることはできない。このようなときに、パネルの反応をノイズ中からの信号の検出力だと考え、その弁別力とバイアス、すなわち感度と判断基準とを分離する考え方を<u>信号検出理論</u>という。

　実験では、心理物理学的測定法と同様に、あるターゲットが存在した（イエス）か、しなかった（ノー）か、の二肢で判断を行う。このときに、提示した課題のターゲットの有無を組み合わせると、パネルの反応は4種類に分けることができる。課題にターゲットが含まれていたときのイエスの反応を<u>ヒット（hit）</u>、ノーの反応を<u>ミス（miss）</u>という。

　また、課題にターゲットが含まれていないときのイエスの反応を<u>フォールスアラーム（false alarm）</u>、ノーの反応を<u>コレクトリジェクション（correct rejection）</u>という。このときのヒット率とフォールスアラーム率を用いて<u>d'（ディープライム）</u>を算出することで弁別力や、それぞれの反応分布を用いて β やC、C'等の値を算出することで判断基準を求めることができる。

2．感覚各論

2．1　視覚

（1）視覚刺激

　私たちを取り巻いている環境の中には、様々な電磁波が存在する。私たちの眼は、その中で波長がおよそ380 ～ 780nm（ナノメートル（1nmは10^{-9}m））の電磁波のみを光として捉えることができ、この範囲の波長を持つ電磁波を<u>可視光線（visible light）</u>という。

　可視光線の範囲内で波長の長さにより異なる色が見える（図2-2）。私たちは条件が良ければ1000万色以上の色の弁別ができる。また、可視光線は眼が感受し視知覚が生じるための最も効率的なエネルギー（適刺激）で

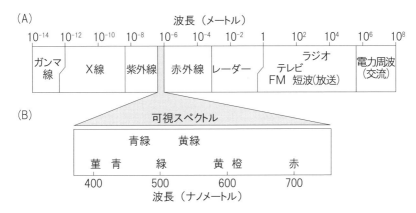

（A）

波長（メートル）

図 2-2　様々な電磁波と可視光線（A）波長別の電磁波の名称、（B）可視光範囲での色の見え方[10]

あるため、視覚刺激とも呼ばれる。

　また、波長が異なると光に対する感度（視感度）は異なり、この関係を表したものを視感度曲線（spectral luminous efficiency curve）と呼ぶ。

　視感度は光量によっても異なり、昼間の様に光量が充分にある状況でものを見る（明所視（photopic vision））ときは、夜間のように光量が小さい状況でものを見る（暗所視（scotopic vision））ときと比べると、全体的に視感度は低くなり、最大感度も明所視で 555nm、暗所視で 507nm と異なる（図 2-3）。

　この違いにより、明所と暗所では色の見え方が異なり、暗所では相対的に波長の短い青や紫が明るく、波長の長い赤や橙が暗く見える（プルキンエ現象）。

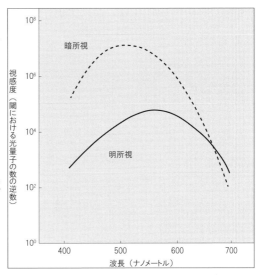

図 2-3　明所視と暗所視の視感度曲線[10]

1）照度と輝度

　光は電磁波の一部であ

るため物理強度は放射量であり、単位時間あたりにある面を通過するエネルギー量は放射束と呼ばれる。この放射束を最大の感度を持つ波長に対する各波長の感度の相対値である標準比視感度によって重み付けし、私たちの感覚に即して波長毎の光の感じ方が均一になる様、心理量と物理量の対応を考慮して光の強度を測定した量を光束（単位は lm：ルーメン）と呼ぶ。ある面に対し単位面積あたりに入射している光束を照度（単位はlx：ルクス）と呼ぶ。

　一方で、観察者の眼に届く光の量を記述するために、光源からの方向及び角度を考慮した測度に放射強度（単位は W/sr）があり、光束と同様に標準比視感度で重み付けをしたものが光度（単位は cd：カンデラ）である。光度は面積の増加に比例し増加するため、単位面積あたりの光度を表したものが輝度（luminance：単位は cd/m^2）である。ここで紹介した光束、照度、光度、輝度など比視感度を考慮した放射量を測光量という。輝度は、私たちが物体を観察する際の面の見えの明るさに近い測光量であるが、輝度と明るさは常に一致しているわけではない。また、外界の輝度変化に応じて瞳孔径も変化するため、そのことを考慮し、輝度に瞳孔面積（mm^2）を乗じた網膜照度（単位は td：トロランド）と呼ばれる測光量もある[11]。

2）照明

　私たちは、照明光などの光源から対象に反射あるいは透過した光が眼に届くことによりその対象の形状や色を知覚することができる。このことは、視対象そのものは変化しなくても、光源の特性が変化すれば知覚される視対象の色は変化することを示している。

　光源の特性は、分光分布や分光スペクトルと呼ばれる波長ごとのエネルギーの分布で示される。昼光の太陽光線には可視光範囲の波長は全域である程度同等に含まれているが、白熱球やろうそくは長波長になるにつれエネルギーは増大し、蛍光灯は特定の波長のみエネルギーが多い。また、

ナトリウム灯は 590nm 付近の波長の光のみを放射する。そのため、それ
ぞれの照明の下で色の見え方は異なる。

　このような視対象の色の見え方に及ぼす光源の性質を演色性といい、
CIE（国際照明委員会）による標準光源 C により複数の試験色を照らした
ときを基準とした演色評価数により示される。

３）表色系

　色の情報を表現するために体系的に色を表したものを<u>表色系</u>（color
coordinate system）という。表色系には大きく分けて 2 種類の形があり、
私たちの感じる色の特徴に基づき、標準色票と比較した色表現を基にした
<u>顕色系</u>（Color appearance system）と、3 つの色光の混色による色表現
に基づく<u>混色系</u>（Color mixing system）とがある。

　顕色系の代表的なものには<u>マンセル表色系</u>（Munsell color system）
やオストワルト表色系、日本色研配色体系（PCCS）などがある。

　マンセル表色系は、色を<u>色相</u>（Hue：H）、<u>明度</u>（Value：V）、<u>彩度</u>
（Chroma：C）の 3 属性で表す。色相は色のカテゴリを表しており、マン
セル表色系では R（赤）/Y（黄）/G（緑）/B（青）/P（紫）の基本
5 色相に加え、それぞれの間の色味を加えた合計 10 色の主要色をさらに
それぞれ 10 等分した 100 の色相からなる。明度は見えの明るさを表して
おり、明度が高ければ白（V=10）に近く、明度が低ければ黒（V=0）に
近くなる 11 段階で表される。彩度は色の鮮やかさを表しており、彩度が
高ければ鮮やかな色、彩度が低ければ無彩色（灰色）に近い鈍い色と
なる。また、これらの度合いは、見えの上で等間隔になる様に規定され
ている。

　混色系の代表的なものには CIE が定めた RGB 表色系、<u>XYZ 表色系</u>
（XYZ colorimetric system）、L*u*v* 表色系、L*a*b* 表色系などがあ
る。色を R（赤：700.0nm）、G（緑：546.1nm）、B（435.8nm）の 3 原
色のそれぞれの値で表した RGB 表色系を基とし、光源の特性である分光

分布と物体の表面の反射特性である分光反射率、及び人の色覚の特性を標準化した等色関数を考慮し一次変換したものが XYZ 表色系である。XYZ 表色系では、RGB 三原色の値すべてが正となる様に適切な比率で線形結合した3刺激値 XYZ の比率を xyz とすることで、x＋y＋z＝1と表すことができるため、x、yを定めればzを算出することができる。

　そこで、x、yを色度と呼び、座標系で表したものを色度図（図 2-4）と呼び、色度（x, y）に色光であれば輝度 Y を、物体色であれば反射率 Y を用いて表現したものを Yxy 表色系と呼ぶこともある。xが 0.33、yが 0.33であれば z も 0.33となり、混色の結果は白となるので、白色点と呼ぶ。また、

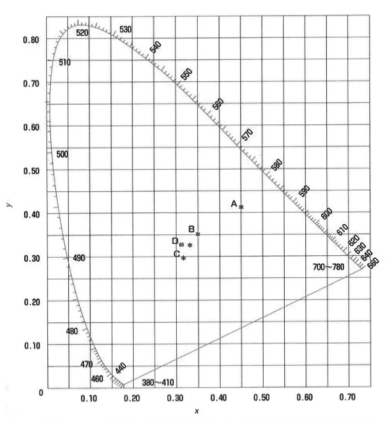

図 2-4　CIE の（x, y）色度図[10]　曲線は波長別のスペクトル光の色度座標を結んだもので、点 A、B、C、D65 は、標準光源の色度座標を示している。

xy 色度図に対して、弁別可能な色差を色度図内で均等になるように変換した系に L*u*v* 表色系、等距離になるように変換した系に L*a*b* 表色系などがある。

　加えて、青い色紙と青空の青では印象が異なるように、色は空間構造とも不可分であり、上記の表色系により表すことのできない色の印象があり、カッツにより、色の表れ方（mode of color appearance）として示された。色の表れ方は、面色、表面色、透明面色、透明表面色、空間色、鏡映色、光沢、光輝、灼熱に分類される[12]。

　私たちの眼は、光の強度に関する量的な性質や色の種類などのような質的な性質の他に、視対象の大きさや位置、傾きなどの空間的な性質も知ることができる。空間的な性質を知る上で視対象の大きさは重要であり、網膜上での視対象の大きさは対象の眼に対する角度（視角：visual angle）によって示す。視対象の長さを l、視対象から眼の結節点までの距離を d とすると、視角 θ（単位：ラジアン）は以下の式で示すことができる。

$$\theta = \text{arctan} \ (l/2d)$$

　上記の式において θ が比較的小さい場合（視角 10° 以下）のときには、θ（ラジアン）＝ l/d と近似することができ、この値に 57.3 を乗じることで単位を度（degree）とした視角が算出できる（θ（°）＝ 57.3 l/d）。

（２）視覚系の構造とその機能

１）眼の構造

　物体からの光は、眼の角膜と水晶体で屈折し、網膜（retina）に焦点を結ぶ。このときの網膜像により私たちは視覚情報を得ることができる（図 2-5）。このときに、網膜に届く光の量は瞳孔で調整され、水晶体は網膜に鮮明な像を映すための屈折光学系として働く。網膜の最も外側には視細胞（photoreceptor cell）が光を受容し神経信号に変換する。

　視細胞には桿体（rod）と錐体（cone）の2種類があり、機能的な特徴や網膜における分布が異なっている。桿体は光に対する感度が高く、光量の少ない（暗い）環境内でも応答するが、環境内の光量が上がるにつれて応答は飽和し、変化に対し応答しなくなる。一方で錐体は光に関する感度が桿体に比べると低く、昼間のような充分な光量のある環境内での視覚に関与しており、応答も桿体に比べると速い。このように、環境内の光量に応じて働く視細胞は異なり、桿体は暗所視で、錐体は明所視の状況下で活動する。薄暗い環境下ではこれら2種の視細胞が同時に活動している（薄明視）。

　これら2種類の視細胞の網膜上での分布は異なり、錐体は網膜の中心部に、桿体は周辺部に多く分布している。特に、網膜の中心部の視覚2°の領域（中心窩）には錐体しか存在せず、そこから周辺部へ外れるに伴い桿体の数は多く、視細胞は大きく、細胞間の間隔は広くなっていく[13]。中心視で離れていることを見分けられる最小の視角を測定したものが視力（Visual Acuity）である。中心窩は錐体の密度が高く最も視力が高いが、一方で桿体が存在しないため、夜などの暗い環境ではものが見えにくい。

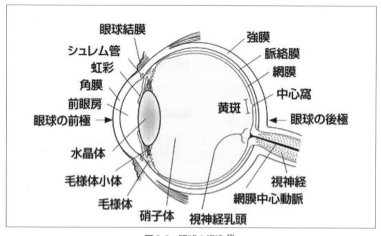

図 2-5　眼球の構造 [10]

　霊長類では桿体は1種類だが、応答する光の波長が異なる3種類の錐体を持っている。錐体はそれぞれ分光感度（spectral sensitivity）が異なり、異なる特定の光の波長帯によく応答しそれ以外の波長帯では応答が弱くなる。短波長帯の光に最も高い感度を持つS錐体、中波長帯の光に最も高い感度を持つM錐体、長波長帯の光に最も高い感度を持つL錐体がある。

　この3種類の錐体細胞の反応の比率により、私たちは多様な色を知覚している。また、この3種類の錐体を持っている3色型の色覚が多数だが、2種類の錐体のみを持つ2色型色覚、1種類の錐体のみを持つ1色型色覚の人も存在し、どの錐体があるかで色光の感じ方が異なる。

2）視覚情報処理の過程

　網膜に像を結んだ光のパターンは視細胞で受容され神経信号に変換される。その後、水平細胞経由で周辺の細胞からの信号を受けつつ双極細胞を介して、アマクリン細胞により選択的な制御をされて神経節細胞（ganglion cell）へ至る。網膜には神経節細胞が視神経として脳へ出て行くための箇所があり、視神経乳頭と呼ばれる。この場所は視細胞が存在

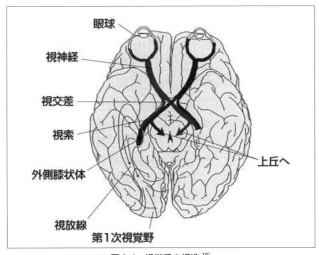

図2-6　視覚系の構造 [10]

せず、左右の眼それぞれの視野内での盲点（blind spot）となっている。

　視神経は外側膝状体（Lateral Geniculate Nucleus; LGN）あるいは上丘（superior colliculus）へと情報を伝達する。盲点でまとまった神経節細胞の伝達経路は視交差までは視神経と呼ばれ、視交差から外側膝状体までは視索と呼ばれる。視交差により、両眼の網膜における右視野の像は大脳左半球側に、左視野の像は右半球側の外側膝状体に投射される（図 2-6）。

　それぞれの半球の外側膝状体は 6 層からなり、第1、2層は大細胞層（magnocellular layer）といい、神経節細胞のコントラスト感度の高いパラソル細胞からの投射を受け暗所視と明所視を、第3～6層は小細胞層（parvocellular layer）といい、ミジェット細胞からの投射を受け明所視と赤と緑の識別を担っている。第3層と 4 層の隙間には顆粒細胞層（koniocellular layer）があり、二層性神経節細胞からの投射をうけ青と黄の識別を担っている。

　その後、これらの情報は大脳の一次視覚野（V1）へと送られる。ここからの経路は、二次視覚野（V2）、V3、MT 野（V5）、MST 野を経て頭頂葉の 7a 野、あるいは V3 から PO 野（V6）を経由して（もしくは直接）頭頂連合野の LIP 野、V3 から CIP 野を経由して AIP 野へと向かう背側経路と、もうひとつは V2、V4 を経由し下側頭葉の後下部の TEO 野や中下部及び前下部の TE 野へと向かう腹側経路である。この二つの経路は相互接続しており、情報を共有している。

　腹側経路は形の知覚や色の知覚、対象の同定などに寄与し、背側経路は運動知覚と空間定位などに寄与することが知られている。また、これら視覚処理に関係している大脳皮質の領域を視覚野（visual cortex）と呼ぶ。このような脳内での複雑な処理を通じて、様々な視知覚の経験が生じている。

（3）視覚の働き

1）暗順応と明順応

　私たちが生活する環境の下では、光の強度も大きく変化し、夜間の街灯の下では 1 ～ 10 lx 程度で、晴天の太陽光の下では 1 万～ 10 万 lx 程までの差がある。私たちの眼は、環境内の光の強度に応じて私たちは感度を調整し、適切な情報を得ている。例えば、晴天の中から照明の点いていない暗い室内に入ると、直後は室内の様子がよく見えないが、時間の経過に伴い徐々に周囲の様子が見えるようになってくる。

　このように暗所に対して、周囲がよく見えるように「眼が慣れてくる」ことを暗順応（dark adaptation）という。また、暗い室内から明るい場所に移ると、はじめはまぶしく感じるが短時間でその状態に「慣れてくる」ことを明順応（light adaptation）という。

　暗順応時には桿体細胞内の光を感じるためのたんぱく質であるロドプシンが増えることで徐々に光に対する感度が上昇し、明順応時にはロドプシンが分解されるが、ロドプシンの合成は分解よりも時間が必要であるため、明順応は数十秒から 1 分程度で生じるのに対し、暗順応は 30 分以上かかる。

2）明るさの恒常性と色の恒常性

　照明光の強度や、視対象との位置や向きの関係が変化すると、視対象の面の輝度は変化するが、その対象の明るさが変化しないように感じる現象を明るさの恒常性（lightness constancy）という。例えば、晴天の下でも、室内でも、また夜間の月明かりの下でも白い紙は同じように白く、黒い紙は同じように黒く見え、紙の明るさが変わったようには感じない。明るさの恒常性は、私たちは輝度の絶対値から明るさを判断するのではなく、他の面との輝度比による相対値や、照明を考慮して判断している可能性を示唆している。

　同様に、視対象を照らす照明光が変化して分光分布が変化しても、視対象やその面の色が大きく変化しないように感じる現象を色の恒常性

（color constancy）という。例えば、太陽光の下で見る花や食品の色は、白熱灯や蛍光灯の下で見るそれらと色が大きく変わったようには感じない。

３）明るさの対比・同化

　近刺激が同様であっても隣接する領域や空間的な配置などによって特徴が異なって知覚されることがある。例えば、同じ灰色の領域であっても、周辺の領域によって明るさが変化することがあり、周辺領域の明るさと反対方向に、周囲との明るさの差が強調されるように面の明るさが変化する現象を明るさの対比（simultaneous brightness contrast）、周囲との明るさの差が小さくなるよう同方向に面の明るさが変化する現象を明るさの同化

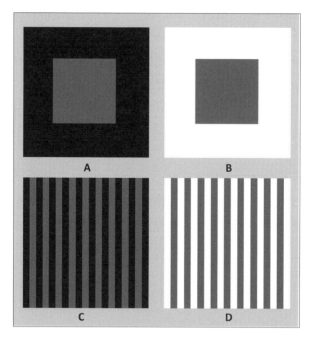

図 2-7　明るさの対比と同化

ＡとＢの灰色領域では明るさの対比が生じており、中央の領域はどちらも同じ灰色であるが、取り囲む周囲の領域が黒いＡでは中央の領域は白っぽく、周囲の領域が白いＢでは中央の領域は黒っぽく見える。ＣとＤの灰色領域では明るさの同化が生じており、ＣとＤの灰色の領域はどちらも同じ輝度であるが、黒い模様の間にあるＣの灰色領域は黒っぽく、白い模様の間にあるＤの灰色領域は白っぽく見える。

（brightness assimilation）という。図2-7 A、Bは明るさの対比の例であり、図2－7のCとDは明るさの同化の例である。これらの対比と同化は明るさだけではなく、色における色相や彩度に関しても生じる。

4）奥行き知覚（depth perception）

　私たちが活動している環境は、上下左右前後方向にそれぞれ広がりを持った三次元空間である。私たちが視覚情報を得るための眼の中の網膜像は上下左右方向の二次元的（平面的）な広がりしかないが、私たちはそこに前後方向の奥行きに関する情報を含む三次元空間を知覚することができる。このような三次元的な情報を含む距離や形状、位置に関する知覚のことを奥行き知覚（depth perception）という。私たちは様々な情報や手がかりを駆使して、左右の眼にある二つの網膜像による二次元情報から外界の三次元空間を知覚している。

　三次元空間の知覚のために私たちが利用する情報は左右の眼の動きに関連する生理的手がかり（physiological cue）（眼球運動性の手がかりとも言われる）と、網膜像の情報による視覚性の手がかりがある。視覚性の手がかりは両眼性手がかりと単眼性手がかりに分けることができ、両眼性手がかりには両眼視差、単眼性手がかりには絵画的手がかりや運動視差がある。

　　生理的手がかり：

　　　私たちが3次元空間内のある位置にある対象を見る際には、左右の眼それぞれの中心窩に鮮明な像を映すために、視対象が近くにあるときは外眼筋により左右の眼を内側に、遠くにあるときには平行に近づくように眼球を回転する。加えて網膜像に鮮明な像を映すために毛様体筋により水晶体の厚みを視対象が近くにあるときは厚く遠くにあるときには薄く調節している。この2種類の筋肉による情報が生理的手がかりである。前者の両眼の視線がなす角度による手がかりを輻輳^{ふくそう}

（convergence）、後者の水晶体の調節による手がかりを水晶体調節
（accommodation）という。日常的にはこの二つは協調しており、近く
にある対象をみるときには輻輳角は大きく水晶体は厚くなり、遠くにあ
る対象をみるときには輻輳角は小さく水晶体は薄くなる。輻輳は 20m
程まで、水晶体調節は 2 m程までしか変化しない。

両眼視差（binocular parallax）：
　私たちの両眼は左右に 6cm 程度離れている。この両眼視差のた
め、左右の眼の網膜像には対象の位置に関するズレ（両眼非対応
（binocular disparity））が生じ、このズレは注視点から離れるほど
小さくなることから、奥行知覚の手がかりとなる。
　左右の網膜像にズレのある映像が投影されている状態では、ズレ
の程度に応じて異なる奥行量が知覚されることとなる。このことを利用
した提示手法を両眼立体視と呼び、左右の眼に視差のある映像をそ
れぞれ提示するために、赤と青のフィルターにより左右の映像を分割
するアナグリフ方式や、偏光フィルターや液晶シャッター、レンチキュ
ラーレンズや視差バリアを用いる方法などがある。

絵画的手がかり（pictorial cue）：
　私たちは単眼の網膜像だけでも奥行きを知覚することもできる。こ
のような単眼性手がかりのうち、絵画での奥行を表現するための技法
に類似しているものを絵画的手がかりと呼び、重なり、大きさ、陰影、
肌理（きめ）の勾配、大気遠近法などがある。
　例えば、ある対象が別の対象の一部を遮蔽しているように見えると
きに、遮蔽している対象は遮蔽されている対象よりも手前にあるように
見える。また、特によく知っている対象であれば、網膜上に大きく投
影されている対象は近くに、小さく投影されている物体は遠くにあると
知覚される。陰影による手がかりは、縦方向に明暗の勾配がある際に、

　上部が明るく下部が暗いと手前に出ている面に見え、反対に上部が暗く下部が明るいと奥に凹んでいるように見えることや、対象の影の付き方により空間内での位置が異なってみえることに影響している。

　対象の表面の肌理は、対象と眼との距離が遠ければ、網膜像では肌理を構成する要素のサイズは小さく密度は高くなる。このような手がかりが肌理の勾配である。加えて、大気中では光が拡散することで遠くのものは近くのものに比べると明暗や色相の差が少なく霞み、輪郭がぼやけ、また青みがかって見えるが、このような差異による手がかりを大気遠近法という。

運動視差（motion parallax）：

　動いている電車の窓から外の景色を眺めているとき、自身から近い対象は遠い対象よりも速く動いているように見える。特に、1点を凝視しているとその点よりも近い対象は移動方向とは反対に、遠い対象は同じ方向に進んでいるように見え、加えて凝視している点から離れれば離れるほど速く動いているように見える。このような奥行き方向の距離の違いにより生じる網膜像での速度差は運動視差と呼ばれ、奥行知覚の手がかりの一つとなっている。

5）大きさの恒常性（size constancy）

　観察者から対象までの距離が変化すると、その距離に応じて網膜像の大きさも変化し、距離が近くなれば網膜像は大きく、遠くなれば網膜像は小さくなる。距離が半分になれば、網膜像の大きさは2倍になる。しかしながら、私たちは対象の見かけの大きさが変化しているようには感じず、安定した大きさの対象が見える。このような現象を大きさの恒常性という。

　このことは、大きさの知覚は、視対象の大きさと距離との比率や、その対象までの距離を考慮する可能性を示している。

2．2　聴覚

（1）音の性質と聞こえの印象

　聴覚とは、音が聴覚器官に伝わることによって生じる感覚である。空気中のどこかで振動が生じると、その振動が疎密波として空気中を伝搬し、それが聴覚器官に伝わることで、音として感じ取られるのである。

　音は図2-8で示したような波形として表すことができる。縦軸は振動の大きさ（振幅）、横軸が時間を表す。一般に振幅の大きさは音の物理的な大きさ（音圧）に対応する。大まかには音圧の大きい音は感覚的にも大きな音として感じられる。音圧の単位である<u>音圧レベル</u>(dB SPL)は、1000Hzの周波数を持つ純音の閾値である $20\,\mu$ Pa を規準とし、それと当該の音 P_n の音圧（μ Pa）の比を用いた次の式で定義される。

　音圧レベル (dB SPL) $= 20\log_{10}(P_n/20)$

　なお、音の閾値には個人差があるため、人の聴覚に関する精緻な実験では被験者毎に閾値を求め、それを規準として音圧を表す<u>感覚レベル</u>(dB SL) が使われることもある。

　　　感覚レベル (dB SL) $= 20\log_{10}(P_n/ P_0)$

　　　ただし、P_0：絶対閾

　音の心理的な属性として、音の大きさ、高さ、音色が挙げられる。

　音の波形の繰り返しの間隔によって、音の高さの印象が変わる。波形が1秒間に何回反復されるかを表すのが周波数で、一般にHz（ヘルツ）で表す。一般に周波数の低い音（反復が少ない）は「低い」音として、周波数が高い音（反復が多い）は「高い」音として聞こえる。物理的には様々な周波

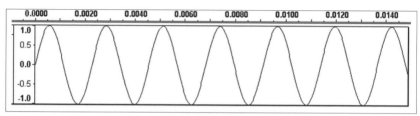

図 2-8　音の波形の例（純音）。横軸が時間 (秒)、縦軸が振幅を表す。

数の音があり得るが、そのうち人間が感じ取ることができる範囲（可聴域）は、健康な若者の場合、約 20 ～ 20000Hz 程度の範囲である。

　音の主観的な大きさをラウドネスと呼ぶ。物理的には同じ音圧レベルの音であっても、ラウドネスは周波数によって異なる。例えば、音圧レベルが同じ 100dB の 20Hz の音と 1000Hz の音を聞き比べてみると、1000Hz の音の方がはるかに大きく聞こえる。

　ラウドネスの単位として一般に用いられているのはフォン (phon) である。1000Hz の純音を基準音として、それと主観的に同じ大きさに聞こえる音の大きさを、基準音の音圧レベルをとってフォンで表す。例えば、音圧レベルが 40dB、周波数 1000Hz の基準音と同じ大きさに聞こえる音の大きさは 40 フォンである。様々な周波数の純音について、基準音と主観的に同じ大きさに聞こえるのがどのくらいの音圧なのかを調べていく。そして、様々な音圧レベルの 1000Hz の純音と同じ大きさに聞こえる音圧レベルを、様々な周波数の純音について調べていき、図に表したのが等ラウドネスレベル曲線（等感曲線、図 2-9）と呼ばれるものであり、ISO で規格化されている（ISO226:2003）。等ラウドネスレベル曲線からわかるように、人間の聴覚では最も敏感なのは 4000Hz 付近であり（あまり音圧レベルを上げなくても良く聞き取れる）、それよりも周波数が大きくなったり、小さくなったりすると、音圧レベルを上げなければ聞き取りにくくなるのである。

　音色とは、「物理的に異なる二つ音が、たとえ同じ音の大きさ及び高さであっても異なった感じに聞こえるとき、その相違に対応する属性」（JIS Z 8106:2000 音響用語）と定義される。音色は音の波形の違いによってもたらされる。私たちの身の回りに存在する音の波形は、図 2-8 のような単純な波形のものはほとんどなく、実際にはより複雑な波形のものが多くを占める。しかし、複雑な波形であっても、数学的には、様々な周波数と振幅、位相を持つ複数の正弦波に分析することができる。このような分析の手法をフーリエ解析と呼び、フーリエ解析によって、その音にどのような成分の正弦波（周波数成分と呼ぶ）が含まれているかが特定できる。

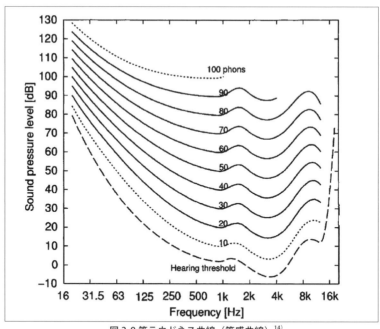

図 2-9 等ラウドネス曲線（等感曲線）[14]

　一つの音に含まれる周波数成分とその振幅を表したものをスペクトルと呼ぶ。周波数成分の特徴から、音はいくつかに分けられる。図2-8のような一つの正弦波から成るものを、純音と呼ぶ。純音以外の音を複合音と呼ぶが、これはさらに2つに分けられる。複合音のうち、一見複雑な波形をしていても、周期的に波形が繰り返されているものを楽音という。楽音の波形は、周波数成分が最も低い周波数成分の整数倍になるようになっている。楽音は音の高さを明瞭に聴き取ることができる。人の声の母音や、音の高さが明瞭に聞き取れる楽器の音などはすべて楽音にあたる。また、スペクトルの違いによって、音色が異なってくる。複合音のうち、楽音以外の、波形に周期性が見られず、また振幅も不規則に変化するものは雑音と呼ばれる。

（2）聴覚器官

　音を感じ取る感覚器官（聴覚器官）である「耳」は、正確に言うと外耳・

中耳・内耳という3つの部分に分かれている（図2-10）。

　外耳は聴覚器官の最も外側にある部分で、耳介と外耳道というふたつの部分から成る。耳介は顔の横に出っ張っている部分で、周囲の音を集め、あるいは音源の方向によって微妙に周波数成分を変化させることで、音源定位を助けている。外耳道はいわゆる耳の穴に該当し、約3cmの長さを持つ。

　中耳は外耳道の奥から内耳までの部分である。中耳は耳管によって咽頭と結ばれている。耳管は中耳の中の空洞（鼓室）の空気圧を調整する機能を持つ。外耳道の一番奥にある薄い膜を鼓膜と呼び、外から伝わった振動はこの鼓膜を振動させる。鼓膜の振動は、耳小骨（槌骨、砧骨、鐙骨）によって拡大され、内耳に伝えられる。

　内耳には渦巻き状に巻かれた形状の小さな管である蝸牛、平衡感覚を司る三半規管、重力と直線加速度を司る前庭が含まれる。蝸牛の内部はリンパ液で満たされており、基底膜という薄い膜が張ってある。耳小骨から伝えられた振動は蝸牛の入り口の前庭窓という膜を伝わって、中の基底膜を振動させる。基底膜には音のセンサーであるコルチ器という器官が載っている。

　コルチ器には2種類の有毛細胞（外有毛細胞、内有毛細胞）という小さ

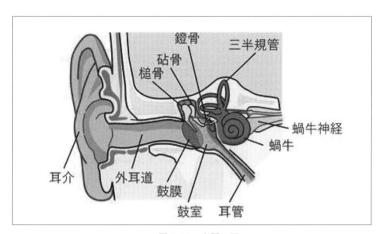

図2-10　人間の耳
Anatomy_of_the_Human_Ear.svg: Chittka L, Brockmann derivative work:
M・Komorniczak -talk- [CC BY 2.5 (https://creativecommons.org/licenses/by/2.5)]
Wikimedia より。一部改変

な細胞が付いている。内有毛細胞は基底膜の振動を神経インパルスに変換して神経信号を送り出している。また外有毛細胞は振動に対する感度を高める役割を果たしている。

　蝸牛に伝えられた振動の周波数によって、基底膜上の振動する場所が変化し、それによってその振動に含まれる周波数が特定される仕組みになっている。神経信号は蝸牛神経から中枢神経系へと伝えられ、さらに高次の処理がおこなわれる。

（3）難聴

　聴覚が低下した状態のことを難聴という。難聴には様々な分類があるが、聴覚系の中の難聴の原因となる部位によって伝音性難聴と感音性難聴の2種類に分けられる。

　伝音性難聴は中耳の障害によるもので、外耳から伝えられた振動を内耳に伝達できなくなることで生じる。感音性難聴は内耳より後の聴覚系の障害により生じるものである。加齢による難聴（老人性難聴）は感音性難聴に分類される。

　老人性難聴の特徴として、まず高い周波数の音に対する閾値が上昇すること、つまり高い音が聞き取りにくくなることが挙げられる。俗に「モスキート音」と呼ばれる高い周波数（一般には 17000Hz 前後）の音は高齢者には聞こえづらくなる。また、音圧がわずかに上昇しただけで極端に音が大きくなったように感じられるリクルートメント現象（補充現象）が見られる。さらに中枢神経系の変化により語音の弁別能力が低下する。

2．3　嗅覚

　本節では、化学感覚のひとつである嗅覚について、その特性と機能について説明する。味と匂いの感覚はどちらも化学感覚であり、食物の風味を把握するためには，味と匂いを構成する化学成分が重要な役割を担う。鼻をつまんで味わうキャンディーはどのような風味なのかわからなくなってしまう

ことが多いが、つまんだ手を放して呼吸をすれば瞬時に何の風味なのか察しがつく。

　食物の風味の特徴を把握するために、特に、匂いは重要な手かがりとなる。動物は嗅覚によって食物の食べ頃を理解し，有毒物質や捕食者などの匂いをいち早く察知することで危険を回避し身を守る。私たち人も動物と同様に匂いの情報を使って生活を営んでいるのである。

（1）嗅覚による匂いの受容
1）嗅覚受容体

　匂い物質は化学物質のうちの揮発性の分子である。その揮発性の分子が、鼻腔内にある嗅粘膜中の嗅細胞を刺激することにより誘発される感覚が嗅覚である。空気中の匂い分子は鼻腔の嗅上皮にある嗅覚受容体に結合する。嗅覚受容体とは、鼻腔の嗅上皮にある嗅神経細胞に発現する匂い分子を認識する7回膜貫通型の膜タンパクのことである（図 2-11）。この遺伝子の数は生物種により異なるが、この遺伝子数の違いがその種の匂いを嗅ぎ分ける能力を反映していると考えられている。

2）嗅覚のしくみ

　食物が口腔内に入ると、脳は嗅覚と味覚受容器からのインパルスの組み合わせを食感や温度などの他の感覚情報と併せて解釈し、個別の風味を生じさせる。特に、様々な風味の違いや同種のわずかな風味の違いを

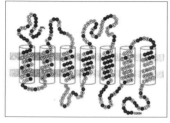

生物		総数	機能受容体数	偽遺伝子率
哺乳類	ヒト	821	396	52%
	マウス	1366	1130	17%
	ラット	1767	1207	32%
	イヌ	1100	811	26%
鳥	ニワトリ	344	211	31%
両生類	カエル	1438	824	38%
魚	ゼブラフィッシュ	175	154	12%
	フグ	86	47	31%

図 2-11 嗅覚受容体の構造とさまざまな生物における嗅覚受容体遺伝子の数[15]

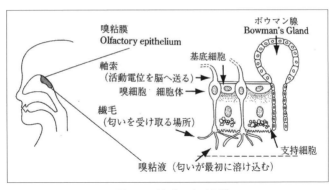

図 2-12 嗅細胞のしくみ[17]

認識できるのは、食物に含まれる揮発性成分のパターンを私たちが食物の香りとして嗅ぎ取れる能力を持っているからである。嗅上皮の嗅覚受容器は、匂いを感知する嗅繊毛を有する神経細胞（嗅細胞）である。嗅上皮は鼻腔上部に位置し、粘膜に覆われている。この粘膜の中にある嗅繊毛が空気で運ばれ鼻腔に入った揮発性の分子に刺激される。嗅繊毛は刺激されると神経インパルスを誘発し、嗅球内のシナプスへと情報を伝達する（図 2-12）。

　嗅細胞の寿命は数週間と非常に短いが、次々と新しいものに置き換えられる細胞の再生・新生の現象も確認されている。嗅粘膜は外界環境を直接迎える箇所であると同時に脳へも近い。恒常的に嗅覚を損なうことなく、ダメージを受けた神経細胞が脳の神経細胞に悪影響を及ぼすリスクから生体を守るための仕組みと考えられる。

　嗅細胞が受けた信号は、すぐに脳へ伝達される。脳に伝達された嗅神経のインパルスは、嗅覚第一次中枢の嗅球へ投射され、その情報の一部が直接的に人の記憶や情動をつかさどる高次情報処理部位につながっている。また、嗅覚の中枢である嗅球野では個々の匂いの質的なイメージや同定を行っていると考えられている[16)17)]。

　匂い感覚を脳内に起こさせる物質の最小量を閾値といい、その値の大きさは物質により大きく異なる（表 2-2）。食品成分中に占める匂いの成分

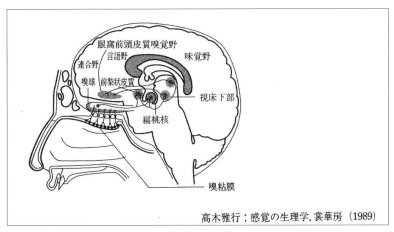

高木雅行：感覚の生理学，裳華房（1989）

図 2-13 嗅覚経路の脳内投射[17]

は ppm あるいはさらに低い ppb という微量である一方で、これらの成分の中には閾値の低いものも多い。食品の特徴的な匂いを検知する人の能力に個人差はあるものの、微量であっても検出される成分は少なくない[20]。

３）嗅覚異常

嗅覚異常は，副鼻腔の感染，嗅球の部分的損傷，または抑うつにより起こる場合がある。嗅覚過敏は神経症性または演技性パーソナリティ障害を反映しているが，嗅覚脱失は、鼻腔内の膨張など匂いの嗅覚野への伝達障害、嗅上皮の破壊や中枢との伝達経路の断絶などから生じるが、頭部損傷やウイルス感染症、アルツハイマー病などが主な原因として知られている。嗅覚脱失は嗅覚の完全消失を意味しており、嗅覚の部分的消失である嗅覚の低下とは区別される。

尚、急性インフルエンザに続発が認められるのは、嗅覚の低下であり、部分的消失で通常は一過性である。

表 2-2　低分子化合物の匂いの閾値
食品化学（一部改変）

化合物	閾値(μg/1000ml)
エタノール	900,000
酪酸	240
アセトアルデヒド	120
アミルアセテート	5
デカナール	0.1
バニリン	0.3
メチルメルカプタン	0.02
ジメチルスルフィド	0.001

　嗅覚脱失者の多くでは、基本味に対する知覚は正常であるが、嗅覚に大きく依存する風味の識別能力の欠如が認められる。このため、嗅覚脱失者は料理の風味の識別ができないことから食事を楽しむことができなくなってしまう。嗅覚脱失は、正常な老化により認められる場合もある[15]。

（2）匂いの正体

1）芳香化合物

　芳香性の化学物質を芳香化合物あるいは芳香成分と呼ぶ。臭気物質と呼ばれることもある。臭気物質は、悪臭を対象とする場合の化学物質に対して用いられることが多い。化学物質が芳香もしくは悪臭を持つためには、化合物が揮発性の分子である必要がある。そのためには分子量が300から400程度までのあまり大きくないものとなる。

　芳香化合物は食品やスパイス、精油、アルコール類などに広く含まれ、その食品の特徴を形成する要素として重要である。多くは果物など天然物で生化学的に形成される。因みに芳香族化合物は、芳香をもつ化合物に共通の構造がみられたことから芳香族と名がつけられたが、芳香化合物と同義語ではない。

2）対流と拡散[16]

　空気中に漂う匂いの分子が周囲に広がる方式には、拡散と対流の2方式がある。対流は空気の流れに従って広がる方式である。一方、拡散は空気に流れがなくても分子に固有な拡散の法則に従って広がる方式のことである。

　分子固有の拡散の程度を表すパラメータには拡散係数が与えられる。広がるスピードは、空気の流れに従う対流のほうが拡散よりも圧倒的に速い。一般的に自由拡散では、分子の移動はほとんどしていないともいえるほどわずかなものである。これに対し、対流は風速1mの微風でも1m/secの分子の移動がある。この性質を利用して、扇風機などを用いて強制的に空気の対流を生じさせることで、部屋の中を一定の香りで均一に満たすこ

とができるのである。

3）蒸気圧と揮発性

　例えば香水の場合、香水をつけた後に時間経過とともに香りが変化する。香水は多数の分子をもつ混合液からなり、蒸気圧の異なる分子が含まれている。香水の中の分子には比較的弱い分子間力しかはたらいていないため、多くの分子が液体状態から離脱し、空気中に拡散する。蒸気圧が高いものは揮発性が高くはやく揮発するが、蒸気圧が低いものほど揮発しにくいため長く持続する。そのため匂い成分のバランスが経時的に変化して感じられる香りも変化するのである[17]。

（3）食品の匂い
1）物質の構造と食品の匂い

　化学物質の構造は、<u>官能基と異性体によって特徴づけられる</u>[18]。

　官能基とは「有機化合物の中にある特定の構造を持つ基で、その物質の化学的属性や反応性の原因となる原子や原子団」であり、同じ官能基を持つ化合物は共通する物理的・化学的性質を持つ。官能基は有機化合物の分類の方法としても重要である。（表 2-3）

　一方、異性体とは「物質を構成する原子の種類と数が同じではあるが、異なる構造をしている分子」であり、組成式は等しいが原子間の結合関係が異なる分子の構造異性体と、原子間の結合は同じだが、原子

表 2-3　代表的な官能基

名称	構造式	食品関連化合物の一例
ヒドロキシ基	-OH	エタノール, フェニルエタノールなど
カルボニル基		
アルデヒド基	-CHO	ベンズアルデヒド, シトラールなど
ケトン基	-CO-	メチルケトン, ジアセチルなど
カルボキシ基	-COOH	酢酸, ギ酸, フマル酸など
ニトロ基	-NO$_2$	ニトロベンゼン, トリニトロトルエンなど
アミノ基	-NH$_2$	トリメチルアミンなど
スルホ基	-SO$_3$H	タウリンなど
エステル結合	-COO-	酢酸エチル, 酪酸エチルなど
エーテル結合	-O-	ジエチルエーテルなど

表 2-4　腐敗臭気物質の閾値[19]

腐敗臭物質	mol	g/l
アンモニア	2.14×10^{-8}	3.65×10^{-7}
トリメチルアミン	5.01×10^{-9}	2.96×10^{-7}
酢酸	8.71×10^{-7}	4.01×10^{-5}
プロピオン酸	7.08×10^{-10}	5.25×10^{-8}
カプリン酸	7.94×10^{-11}	1.37×10^{-9}
酪酸	1.66×10^{-11}	1.46×10^{-9}
メチルメルカプタン	3.24×10^{-10}	1.56×10^{-8}
エチルメルカプタン	2.09×10^{-9}	1.30×10^{-7}
硫化水素	1.9×10^{-10}	6.50×10^{-9}
スカトール	1.29×10^{-11}	1.69×10^{-9}

の幾何的配置が異なる立体異性体がある。立体異性体の中には鏡像関係を成す異性体が存在する。

　例えば、カルボンでは、d- 体と l- 体が存在し、両者の匂いの質は異なる。d- 体ではキャラウェイ様香気であるのに対し、l- 体ではスペアミント様香気を呈することが知られている[19]。

このように化学構造によって匂いの質や強度は大きく異なっている。

２）食品の腐敗による食品の劣化臭（食品の腐敗臭）[19)20)21]

　食品に微生物が繁殖して腐敗すると、アミン臭、かび臭、酪酸臭、糞便臭、刺激臭、硫化水素臭、エステル臭などの様々な臭気を発生する。アンモニア、トリメチルアミンのようなアミン類、酢酸、酪酸、カプロン酸といった低級脂肪酸とそのエステル類、低分子のカルボニル化合物、アルコール類、硫化水素やメチルメルカプタンなどの硫化化合物などがある。

　これらの腐敗臭を代表する化合物の閾値はどれも低い（表 2-4）。GC/MS による検知の難しい腐敗臭であっても人の嗅覚では異臭として検知され、食べると健康被害を及ぼすかもしれない危険のあることを瞬時に察知できる。匂いの質の違いを識別できる能力は食中毒を防ぐためにも重要なことである。

２．４　味覚

（１）味覚の機能

　味覚の機能には、以下の 4 つが考えられる。第一は、食べ物のおいしさ、まずさの判断をすることである。第二の機能はホメオスタシス（体内恒常

性）、第三の機能は味覚学習であり、そして機能の四番目は生体反応の誘発である。

1）味覚

　口腔内に取り込まれた物質の化学的刺激によって生じる味の質や強さの感覚を味覚という。味覚は体の中でも舌や軟口蓋などの一部でしか感じない感覚である。

2）ホメオスタシス（体内恒常性）

　ナトリウムイオンやブドウ糖のように身体に必要なものは体内で濃度を一定に保つ必要がある。味覚の機能の中でも、ホメオスタシスは生理機能の一環として重要なものである。欠乏物質の味を好ましいと判断し、過剰摂取したときは摂取を抑えることもできる。

3）味覚学習

　弁別学習、味覚嗜好学習、味覚嫌悪学習などの味覚学習がこれにあたり、食べ物の好き嫌いにつながる。嫌悪学習や嗜好学習を獲得した後、学習した食物に対して脳細胞は長期的に活動が促進することが知られている。

（2）味覚受容の仕組み

1）味の受容

　口腔内に取り込まれた味の刺激を受け取る生体側の入り口を、受容器と

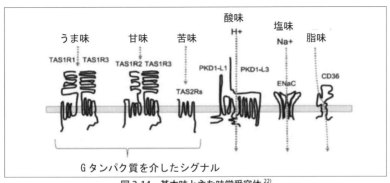

図 2-14　基本味と主な味覚受容体 [22]

47

いう。基本味と、現在知られている主
な味覚受容体を図2-14に示す。

　舌の表面には、味覚刺激を受取る
乳頭が存在する（図2-15）。舌前方
部に散在する茸状乳頭、舌縁後部の
葉状乳頭そして舌根部に逆V字型に
有郭乳頭がある。

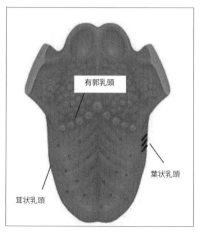

図2-15　乳頭の分布

２）味蕾

　化学物質の刺激を受取る最小の構
造物は、花の蕾に似ているので味蕾
と呼ばれ、その中には細長い紡錘形をした味細胞が50〜100個集合し
ている。味蕾の構造を図2-16に示す。味蕾は、茸状乳頭、葉状乳頭、
有郭乳頭に存在するほか、軟口蓋、咽頭部、喉頭部にも認められる（図
2-17）。味蕾総数は、舌に約5000個、舌以外に約2500個とされている。

　味蕾は口腔上皮の特定部位に存在するが、それに応じて各味蕾を支配
する味覚神経も異なっている。舌前方部の茸状乳頭中の味蕾は顔面神経
の枝である鼓索神経、舌縁部の葉状乳頭および舌後方部の有郭乳頭中
の味蕾は舌咽神経の舌枝により支配される。味覚神経は4本あり、その他
に軟口蓋を支配するのは大錐体
神経、咽・喉頭部を支配する
のは上喉頭神経である。

３）味細胞

　味細胞は、外界からの化学
刺激を受容し、電気的な信号に
変換する働きがある。甘味、う
ま味、苦味を生じさせる物質は、

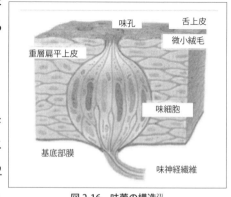

図2-16　味蕾の構造[23]

味細胞に発現するG
タンパク共役型の7
回膜貫通型の受容
体によって検知され、
塩味と酸味を生じさ
せる物質は、イオン
チャネルによって検
知される（図2-14）。
　個々の味細胞は5

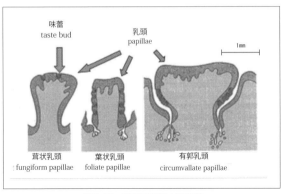

図 2-17　乳頭の種類と味蕾[24]

基本味に対応する受容体のいずれか一つを優先的に発現するので、5つ
の味の識別は味細胞レベルですでに行なわれていることになる。

4）5基本味

　味には表2−5に示すように5つの基本的な味がある。一般的に、甘味
は体に必要なエネルギーの源を摂取しているシグナルとされている。甘味
の代表的物質はショ糖やブドウ糖などの糖類である。直接のエネルギー源
となるブドウ糖（グルコース）は、血液中では血糖と呼ばれる。
　うま味は昆布に多く含まれるグルタミン酸ナトリウムや鰹節に多く含まれる
イノシン酸ナトリウムの味で、たんぱく質摂取のシグナルである。
　食塩に代表される塩味はミネラル摂取のシグナル、クエン酸などの有機
酸の酸味は代謝促進のシグナル、腐って乳酸発酵したときの酸味は腐敗

表 2-5　5基本味と生理学的意義

基本味	生理学的意義	代表的物質
甘味(sweet)	糖（エネルギー）のシグナル	ショ糖、ブドウ糖など
うま味(umami)	たんぱく質のシグナル	グルタミン酸ナトリウムなど
塩味(salty)	ミネラルのシグナル	食塩など
酸味(sour)	腐敗物のシグナル	クエン酸、酒石酸など
苦味(bitter)	毒物のシグナル	カフェイン、キニーネなど

物のシグナルである。苦味は毒物、有害物の警告シグナルである。

5）味覚伝導路

　口腔内に取り込まれた食べ物が、分子やイオンの形で味蕾内の味細胞膜にある受容体に結合すると、味細胞はその化学情報を電気信号に変換して、味神経にインパルス（活動電位）を発生させる。その神経情報が脳に伝えられて、味の質や強さが分析される。また、それに連動して、おいしさ・まずさの情動性の評価も行われる。味神経を介する情報が脳内を通過する経路を味覚伝導路という（図2-18）。

　第1次味覚野からは、情動発現と情動学習に関与する扁桃体へ情報が送られる。扁桃体は味覚性入力を情動行動に結びつける役割を果たす。すなわち，味覚路を経由してきた味覚情報に対して、それが体にとって都合の良いものか悪いものか判断をし、行動発現を引き起こす脳部位にその判断結果を送り出している。味覚情報は、前頭連合野や扁桃体から報酬系に入り、おいしい、まずいの評価と情動行動が生じる。さらに視床下部に送られ、食行動にも影響を及ぼす。おいしいときには脳内麻薬のβ－エンドルフィン、もっと欲しいときにはドーパミン、実際に食べるときには視床下部由来の摂食促進ペプチドなどの脳内物質が関与する。

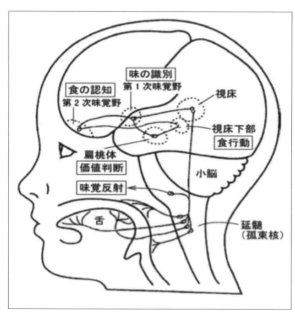

図 2-18　脳内味覚伝導路と各部位における働き[25]

　砂糖を口に入れると砂糖の分子が甘味受容体に結合し、味細胞を興奮させ、神経線維を介して情報が脳に送られ、甘い、おいしいと感じる。一方、キニーネを口にすると苦味受容体に結合し、同様に脳に送られた情報は分析されて、苦い、まずいと感じる。

　第２次味覚野からはさらに前頭前野にも情報が送られ、過去に経験した味の記憶や想像など、より高次の味覚認識に関わっている。

（3）味の相互作用
1）順応
　順応とは、刺激を受け続けている間に感覚が弱くなっていく現象のことである。味の順脳は、味物質が受容体を持続的に刺激することにより生じる。うま味は順応が遅く、あと味として長く持続する。酸味は順応が比較的早いが、唾液の緩衝作用で水素イオン濃度が減少する効果が大きい。

2）対比効果
　味の対比とは、本来の味が別の味の影響で際立つようになることである。同時的対比の例としては、甘味に少量の塩味を加えて甘味の増強がみられることがある。継続的対比の例としては、酸味や苦味を味わった後では水を甘く感じることがある。

3）相乗効果
　味の相乗効果は、異なる味覚が合わさることで、味覚が数倍に高まることをいう。うま味の事例がよく知られており、グルタミン酸ナトリウムとイノシン酸ナトリウムやグアニル酸ナトリウムを混合すると、うま味強度が7～8倍になることが知られている。かつお節とこんぶの混合だしがその例である。

4）抑制効果

　　遮蔽効果（マスキング）は、一方の味刺激で別の味の強さが抑えられる現象である。コーヒーに砂糖を加えることがこれに当てはまる。2つの味が互いに弱められる場合を相殺効果という。

（4）特殊味覚

　食べ物の味は各基本味の組み合わせで生じるが、味には基本味では説明できないものがあり、特殊味覚と呼ばれる。これは口腔粘膜の触覚や温覚、冷覚、痛覚など味覚以外の感覚であったり、味覚との複合感覚として捉えられたりするもので、油のおいしさ、香辛料の辛み、炭酸飲料の発泡性の味、渋味などが相当する。

1）辛味

　数多くの種類の物質によりそれぞれ特徴的な辛味が生じるが、独特の嗅覚と口腔粘膜の痛覚や温覚、そして味覚の複合された感覚とされている。とうがらしのカプサイシンやしょうがのジンゲロールなどが代表的なものである。

2）渋味

　味覚の苦味と、粘膜収斂感の複合感覚とされる。緑茶のタンニンや渋柿のシブオールなどがある。

3）油脂の味

　油や脂肪を含む食べ物をおいしく感じることを私たちは知っている。油脂は不溶性であるため、味細胞を刺激できず無味である。

　しかし、近年他の味とは独立して脂肪酸の味を伝える神経が、鼓索神経の一部に発見され、注目されている。

4）こく味

　こくは、味、香りならびに食感による複数の刺激で引き起こされる現象である。複雑な感覚刺激によって、食べ物の味わいに厚み、広がり、持続性、

まろやかさなどが付与された状態と捉えることができる。こく発現の基本は、甘味、塩味、うま味の増強と考えられる。

また、こく味受容体の候補としてカルシウムイオンの味の受容体の存在が示唆されている。このカルシウムイオンの味の受容体の候補の一つとこく味を呈するγ-グルタミル化ペプチドの受容体が重複することが近年報告されており、こく味物質として研究されている。

2.5 触覚

本節では、目や耳のように局在した感覚器を持たず、五感のうち最も原始的な感覚とされる触覚について取り扱う。広義の触覚は体性感覚とも呼ばれ、皮膚を通じて感じる皮膚感覚、筋・腱・関節を通じて感じる自己受容感覚（あるいは固有感覚、深部感覚）に分けられる。

皮膚感覚はさらに、（狭義の）触覚、温度感覚、痛覚に分けることができる。本稿では主に、狭義の触覚について解説する。

（1）皮膚と皮膚感覚

触覚の受容は、体の外側を覆う皮膚を通して行われる。皮膚は指や手のひら、足裏などの無毛部と、有毛部とに分けられる。無毛部が皮膚全体に占める割合は小さいが、触覚を通じて外界の情報を手に入れる上で、極めて重要な役割を果たしている。

皮下には、複数種類のセンサ（特定の構造を持つ受容器、特定の構造を持たない自由神経終末、そしてそれに繋がる神経線維）が存在する（図2-19）。

各センサは、その種類ごとに形態や分布の位置・密度が異なるため、異なる応答特性を持つことになる。また、体の部位や有毛部・無毛部の違いによっても、存在するセンサの種類や分布の位置・密度が変化する。

1）皮膚変形を検出するセンサ

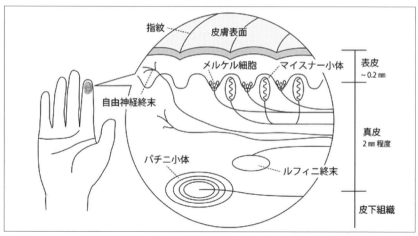

図 2-19　指先皮膚断面の模式図

　皮膚の機械変形に応答するセンサは機械受容器と呼ばれる。人間はおよそ 1kHz 以下の時間周波数成分をもつ皮膚変形を感じることができ、入力の周波数帯ごとに異なる種類の機械受容器によって検出される。

　ゆっくりとした皮膚変形はメルケル細胞で検出され、圧覚を生じさせる。80Hz 以下の振動は主にマイスナー小体で検出され、Flutter やパタパタ感と表現される低周波振動覚を生じさせる（なお、有毛部にはマイスナー小体が存在せず、似た形態を持つ毛包受容器が存在する）。

　メルケル細胞とマイスナー小体は、皮膚の浅部、表皮と真皮の境界に高密度に分布しているため、皮膚表面に加えられた変形の空間的なパターンを良く符号化する。一方で、皮膚深部に疎に分布する受容器も存在する。

　パチニ小体は高周波振動に対して非常に高い感度で応答し、高周波振動覚を生じさせる。ルフィニ終末は皮膚の横ずれに応答するとされる。これら主要な機械受容器で生じた神経活動は、有髄神経を通じて素早く中枢神経系へ伝達される。

　こうした主要なセンサの他にも、特定の皮膚変形に応じて活動するセンサが存在することがわかってきている。例えば有毛部に存在する C 線維低閾値機械受容器は、軽い撫で動作に特異的に応答し、生じた神経

活動は無髄神経を通じて比較的ゆっくりと中枢神経系へ伝達される。

２）皮膚変形を伴わない感覚

　冷覚、温覚、痛覚は自由神経終末を通して検出される。冷覚の受容器は 5 〜 40 度、温覚の受容器は 30 〜 45 度の温度に応答する。その範囲外の温度は、侵害受容器を刺激して痛みを生じさせる。これらの感覚は、通常、皮膚変形を伴う入力によってもたらされるが、その検出に必ずしも皮膚変形が必要なわけではない。

（２）検出および弁別

　皮膚変形が生じると、その内容に応じて複数種類のセンサが応答する。その応答の有無や、違いを弁別することが、触覚情報処理の基礎となっている。

１）入力の検出

　圧（準静的な入力）の検出能力は、von Frey Hair あるいは Semmes-Weinstein Monofilaments と呼ばれる、細く軽量の棒状繊維を皮膚に押し当て、検出可能な力の閾値を測ることで調べられてきた。この値は体部位ごとに大きく異なることが知られており、顔部で小さく（検出感度が高く）、足裏など脚部では大きい[26]。

　振動の検出能力は、指先のような敏感な部位に振動刺激を加え、その検出に最低限必要な振動の振幅（振動検出閾）を測ることで調べられてきた。振動検出閾は、加える振動の周波数によって変化し、200-300Hz で最も小さな値を取る[27]。これは、振動の検出に前項で紹介した 3 種類の異なるセンサ（メルケル細胞、マイスナー小体、パチニ小体）が関わっている事に起因する。メルケル細胞を通じて 2-3Hz の振動を感じるには大振幅が必要だが、携帯電話の振動通知のような 100Hz 以上の振動であれば、目に見えないほど小さな振動であっても、パチニ小体を通じて感じ

ることが出来る。

　振動検出閾は、振動周波数だけでなく、振動の面積や継続時間によっても変化する。皮膚と振動物体の接触面積が増加すると検出閾値が小さくなる、空間加重の効果が知られている[28]。また、振動する時間が増加すると検出閾値が小さくなる、時間加重の効果も知られている[29]。例えば、ほとんど感じられないような、微小振幅の振動であっても、振動部分との接触面積を増やしたり、長い時間触れたりすることによって、検出が可能になる場合がある。これらの加重効果は高周波振動を用いた場合にのみ観察されることから、パチニ小体そのものの物性、あるいはパチニ小体が（メルケル細胞やマイスナー小体に比べて）皮膚深部に分布することに起因するとされる。

　さらに、振動検出閾には温度や加齢の影響が大きく表れることも知られている[27]。皮膚の温度が低い場合、また高齢の場合、検出閾が大きく（感度が悪く）なる。こうした影響も、低周波振動の検出に比べ高周波振動の検出において顕著に観察される。

2）空間分解能

　空間分解能は、触二点弁別閾を測定することで調べられてきた。皮膚上の二点を同時に刺激した場合に、その二点の距離が十分に近いと、一点に感じられる。二点弁別閾は、二点が二点に感じられる限界の値である。

　この値は体部位ごとに大きく異なることが知られており、指先では2-3mm程度、上腕、背中や大腿などでは15-30mmにもなる[26]。また、加齢によって二点弁別閾が大きくなる（弁別性能が悪くなる）ことが知られている。部位ごとの分解能の違いには、皮膚の厚みの違いや、受容器の分布密度の違いが反映されている。

（3）材質の知覚

　手で物体に触れると、複数種類のセンサが応答し、その結果、触れた物体の「粗い」「硬い」といった物理性質を判断することができるようになる。このような、材質についての知覚に関しては、「マクロ粗さ感」「ミクロ粗さ感」「摩擦感」「硬軟感」「温度感」の五つが基本的な要素であることが知られている[30]。

１）マクロ粗さ感

　物体表面に凹凸構造があり、その凸間距離が 200 μm 程度以上（凹凸が目視可能）と比較的大きい場合に生じる感覚。平らな表面を even、凸凹した表面を uneven と表現する場合もある。マクロ粗さ感は、指で素材に触れる（押し付ける）だけで、物体表面をなぞらなくても得られる[31]ことから、皮膚表面の変形や圧力の、空間的な分布パタン情報によって知覚されると考えられる。点字の識別などはこの感覚を利用している。

２）ミクロ粗さ感

　物体表面に目で見ないほど細かな凹凸構造（凸間距離～数十μm）がある場合に、指でなぞることによって生じる感覚。なぞり動作を必要とする[31]ことから、指と物体の間に生じる振動、すなわち皮膚変形の時間的な変化情報を利用して知覚されると考えられる。この感覚を利用することで、金属の磨き度合いなど、目視での見分けが困難であるような細かな違いについても、触り分けることができる。

３）摩擦感

　物体表面に力をかけたり、指でなぞったりすることによって生じる、接線方向の力に関連する感覚。皮膚に生じるせん断変形の量や、皮膚と物体の間に生じる局所的な滑り、また皮膚と物体の固着と滑り（<u>スティックスリップ</u>）など、複数の情報を処理して知覚されると考えられている。

　例えば、滑りやすい表面を持つ物体と、滑りにくい表面を持つ物体とでは、

重量が同じであっても、落とさず把持するために必要な把持力が変わって
くる。摩擦感を利用することで、必要以上の力をかけずに効率的な把持を
行うことができる[32]。

4）硬軟感

　物体表面に力をかけることによって生じる垂直方向の力に関連する感
覚。手や腕の筋にかかる力や、姿勢情報など、自己受容感覚が寄与す
るが、皮膚の接触面積や、圧力の空間分布など、皮膚感覚を通じても知
覚される。

　例えば軟らかい物体に触れた場合、指腹（弾性体）と物体の両方が変
形し、極端な場合には指が物体にめりこむ。その結果、接触面積が大きく
なり、圧力の値は小さく、その分布は一様になる。硬い物体に触れた場合
には、指腹のみが変形するため、接触面積は小さく、圧力の値は大きくな
る。また、硬い物体については、その表面を指や爪で軽く叩いた際に生じ
る振動の周波数が高くなるため、こうした情報も硬軟感の手がかりとなる。

5）温冷感

　物体に触れた際に生じる温度に関する感覚。温冷感は、物体と皮膚の
間の絶対温度の差を反映するように思われるが、実際には物体と皮膚の
間に生じる熱の移動量（熱伝導）を反映している[33]。

　例えば、同じ室内に放置してあっても、木製のまな板に比べて金属製の
包丁は冷たく感じられる。これは木に比べて金属の熱伝導率がはるかに大
きいことに由来する。

　また、熱伝導率は素材で決まるものであるが、実際に触れる場合には接
触面積や物体の体積などによって熱の移動量は変わってくる。空気は非常
に低い熱伝導率を持つため、皮膚と物体の間の空気の層が多くなると（接
触面積が減ると）、熱伝導は起きにくく、温冷感は感じにくくなる。このため、
同じ温度をもつ、同じ素材に触れた場合であっても、触る表面が平らなも

のと、深い凹凸がついているものでは、異なる温度に感じられることがある。

（4）属性の認知

　触れる対象の属性によって、あるいは得ようとしている情報の種類によっ
て、採用される探索の方法（探索方略）が変わることが知られている[34]（図
2-20）。前項で取り上げた材質知覚の基本的な要素について調べる動作に
ついて考えると、マクロ・ミクロ粗さ感や摩擦感のような、対象の表面テクスチャ
に関する知覚を得ようとする場合、対象の表面をなでる動作によって効率的
に情報が得られる。

　一方、硬軟感を調べる場合、対象表面に力をかける必要があるため、押
し込み動作が適している。温度感に関しては、指と対象の間で熱の移動を
起こすため、対象に触れてしばらく待つ動作が適している。また、対象の重
さや形状といった、材質に留まらない属性についても、持ち上げる、全体を
包み込むように持つ、輪郭をなぞるなど、各々特徴的な動作が報告されて
いる。

　こうした探索方略の違いは、その動作の結果得られる属性の評価内容とも
結びついている。代表的なものとして、粗さや硬さの判断には押しつけ力が、
滑らかさやべたつきの判断にはなぞり速度が、温度の判断には総移動距離
が、高い相関を示すことが知られている[35]。

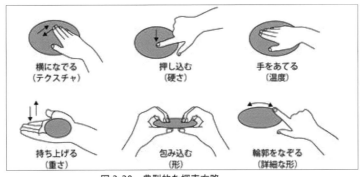

図 2-20　典型的な探索方略

２．６　複合的感覚

　誰かと会話するときには、相手の声が耳に届き、相手の顔や口の動きを目で見ることができる。このように、身の回りで起きる出来事の多くは、私たちの複数の異なる感覚（視覚や聴覚など）を刺激する。

　感覚情報は最初、異なる感覚器官から入ってくるのだが、私たちは声と口の動きをバラバラに経験するわけではなく、最終的にはそれらが統合されたひとつの出来事を経験する。これを多感覚統合という。複数の感覚情報を統合するときに手がかりとなるのが、感覚間で共通の刺激特性である。

　例えば、同じ出来事から生じた音と光は、空間内で同じ場所から、おおよそ同時に目と耳に到達する。したがって同じ場所、同じ時に生じた感覚情報は同一の出来事から生じた可能性が高く、知覚系において統合されやすいのである。

（１）感覚同士の同時性

　しかし、異なる感覚間で刺激が同時だったか否かを決めることは実は簡単ではない。例えば、光は音よりも空気中を速く伝播するので、遠くの雷の雷光と雷鳴では、雷鳴がかなり遅れて聞こえる。同じ出来事から生じた物理的な刺激が完全に同時に感覚受容器に達するのは稀な事態なのである。

　多感覚の情報が同時であると感じられる時間の範囲は同時性の窓と呼ばれる。視覚と聴覚の組み合わせの場合、実験条件にもよるが、光と音の時間の差が－100 ～ 150 ミリ秒程度であり[36]（負の値は音が光よりも先行し、正の値は音が遅れて提示されることを示す）、音が光よりも前に生じるときよりも、後に生じる場合のほうが同時性の窓がより広い。これは上述した音と光の伝播速度の差に対応しているのだろう。

（２）空間的な知覚

　空間的な知覚では、視覚情報が聴覚に影響を与える。例えば、腹話術師が、人形の口をパクパクさせながら口を動かさずに声を出すと、声は人形

の位置から発せられている様に聞こえる。この様な音源定位が視覚刺激の位置にずれることは腹話術効果と呼ばれる[37]。

（3）時間的な知覚

　時間的な知覚では、音によって視覚的な経験が変化することがある。例えば、光点が一定の間隔で連続的に点滅する時に、速度の変化する音を一緒に提示すると、音に合わせて光点の点滅速度も変化している様に感じる[38]。また、光点が一度だけ光る時に非常に短い音が二回なると、光点が二回点滅した様に感じられ、この現象はダブルフラッシュ錯覚と呼ばれる[39]。

　視覚の時間分解能は比較的低いので，13ミリ秒という短い時間で光点が二回点滅しても、人間には一回の点滅にしか見えない。このような視覚の限界よりも狭い時間内で2回以上の点滅を知覚するのは2つ以上の音が伴うときのみだ。

　これらの現象は、知覚系が視覚的時間分解能の低さを聴覚によって補うように視聴覚情報が統合されることを示している。

（4）事象の知覚

　このような視聴覚相互作用によって、知覚される事象が変化することもある。例えば、マガーク効果と呼ばれる現象では、/ga/ と発話している声と /ba/ と発話している映像を組み合わせて提示すると /da/ と聞こえることが知られている[40]。喉で発話する /g/ と唇で発話する /b/ を合わせると、ちょうど中間の舌を前歯の後ろにあてて発話する /d/ の音が聞こえるのである。この錯覚は、音声知覚において口の動きが重要な手がかりであることを示している。

　交差－反発錯覚と呼ばれる現象では、物体の動き方が音によって変化する。2つの円盤が左右から移動してきて画面の中央で重なりさらに離れていく映像は、円盤が衝突して反発するように見えることもあるし、交差してすれ違うように見えることもある。しかし、2つの円盤が重なる瞬間に短い音を提示

すると円盤が反発するように見えることが多くなる[41]。視覚情報だけでは見え方が曖昧で2通りの見え方があるのだが、円盤が衝突したことを示す様な音が加わることによって、見え方が安定するのである。

（5）食における感覚間相互作用

　食においては、五感すべてにおいて様々な相互作用が生じる。食品の色が味覚強度や風味の判断に影響を与える。果汁をさまざまに着色しそれらの味を比較すると、赤いものが一番甘く評価され、緑色が一番甘くないと評価される[42]。薄めたフルーツジュースのフレーバーの判断は、オレンジ色ならばオレンジのジュースであると判断される確率が高まるというようにジュースの色によって左右される[43]。その他にも、咀嚼音が食品のテクスチャの印象に影響を与えること[44]などが知られている。

　食味の評価で特徴的な感覚間相互作用は味－嗅覚間で生じるものだろう。匂い分子は吸気に伴う鼻孔からの経路（前鼻腔経路、オルソネーザル経路）だけではなく、呼気に伴って口からの経路（後鼻腔経路、レトロネーザル経路）からも嗅粘膜に届き、嗅覚刺激となる。嗅覚は食品のフレーバーやカテゴリーの判断や印象に強く影響を与え、味覚にも影響を及ぼす。味覚の評定は、両経路からの嗅覚刺激の影響を強く受ける[45]。

　例えば、多くの人々にとってバニラの匂いには、甘さの印象を伴う。このような嗅覚による味覚増強は、経験を通して獲得され味覚と嗅覚の連合によって生じると考えられている。バニラの匂いがする食品の多くに甘味が伴う経験を人々は重ねている。実際、日常的な経験において味質に一致する匂いがその味質の強度の促進が生じ、一致しない場合には匂いによって味が弱く感じられる[46]。嗅覚による味覚増強は、味嗅覚刺激に対して味覚のみについての評価を行うときに顕著に表れるが、同様の刺激に対して味覚・嗅覚の両者について強度評定を行わせると減少する。このことから嗅覚による味覚増強は、認知的なバイアスとして生じるハローダンピング効果であるとも言われている[47]。

　味覚増強のような食に関わる匂いの情報処理では後鼻腔経路の匂いの影響についての報告が多い。後鼻腔経路からの匂いが前鼻腔経路の匂いと性質が異なる原因はいくつか考えられている。ひとつは化学的な変化や物理的な変化等により後鼻腔経路と前鼻腔経路の香気成分が異なることである（フレーバーリリース）。赤ワインの鉄分が魚介の脂質に作用することで不快な魚臭のような匂いを感じさせるカルボニル化合物が生成される[48]。さらに、鼻腔内の気流や、三叉神経の活動、テクスチャ[49]、嗅覚刺激と味覚刺激の順序[50]などの様々な要因が関与する。また、一致性が高い味覚刺激と嗅覚刺激のペアを提示されると、一致性が低い味嗅覚刺激のペアを与えられた場合よりも、後鼻腔経路の匂いを口腔で感じやすくなるオーラルリファラルという現象も存在する[51]。

（6）視覚と触覚・体性感覚の相互作用

　手で触っている物体の形は、その物体の見え方によって変化して感じられる[52]。例えば、実際は直線を触っているのだが、プリズムによって触っているものが曲線に見える場合には、曲線を触っているように感じてしまう[53]。また、同じ重さの物体であっても、体積が大きく見える方がより軽く感じられる[54]。この現象は大きさ・重さ錯覚と呼ばれている。

　このような視覚と触覚の相互作用は、身体の認識さえも変化させることがある。自分の手が見えない様にしながら、ゴム製の手の模型を身体の前に置く（図2-21）。そして手の模型と自分の手が筆で全く同じ様に撫でられる。この状況をしばらく経験すると、自分の手が撫でられている感覚が、手の模型から生じている様に感じ、さらに、手の模型があたかも自分の手である様に感じてしまう。

　この現象はラバーハンド錯覚と呼ばれ[55]、身体を認識する際に身体を見ることも重要

図2-21 ラバーハンド錯覚

であることを示している。

（7）聴覚と触覚・体性感覚の相互作用

　身体を動かした時に生じる音も、触覚や体性感覚に影響を与える。例えば、両手をこすり合わせた時に鳴る音の高い周波数成分を強くするとシャカシャカした音がなり、それによって

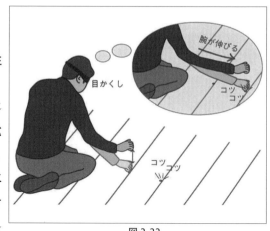

図 2-22

自分の手のひらが乾いて滑りやすくなった様に感じ、反対に高い周波数成分を弱くすると、手のひらが湿って手が動きにくくなった様に感じてしまう。この現象はパーチメントスキン錯覚と呼ばれており[56]、手の感触を感じる時に手から生じる音も重要であることを示している。

　音も身体の認識に影響することが知られている。座って手を伸ばして床を叩く時に、床を叩く音が実際よりも遠くから聞こえると、実際よりも腕が長くなった様に感じてしまう[57]（図 2-22）。自分はもっと遠くを叩いて、そうだとすれば腕はもっと長いはずだと無意識的に推測するためであろう。感覚間で矛盾する情報が与えられると、その矛盾を解消できる様な形で身体の認識が歪んでしまうのだ。

（8）多感覚知覚の仕組み

　これまでに紹介してきたように、異なる感覚の情報が与えられると一方の感覚の情報が他方の感覚の知覚に影響するようにみえる。異なる感覚からの情報はどのような法則によって統合されているのだろうか。

　知覚系はそれぞれの感覚情報の精度に応じて重み付けをして異なる感覚からの情報を統合していると考えられている。このような考えを最尤推定モデ

ルという[58]。空間的な知覚では、多くの場合視覚が聴覚よりも精度が高い。視覚では1cmのズレはわかるが音源の位置が1cmずれてもわからないだろう。このような場合、視覚情報により重み付けをして両者を統合するのである。一方、時間的な知覚の場合には、一般的に聴覚の方が精度が高いので聴覚情報の重み付けが大きくなる。ただし、視覚的な位置情報や聴覚的な時間情報が非常に曖昧な場合には、重み付けが逆転することになる。

　最尤推定モデルで重要なのは、複数の感覚情報に精度に応じた重み付けをして統合すると、統合された知覚の精度が単独の感覚での知覚の精度よりも高くなるという点である。つまり、異なる感覚からの情報を統合することで、より正確で安定した知覚が成立するということである。

2.7 官能評価に影響する認知バイアス

　官能評価は人間の感覚を用いた評価であるが、感覚には個人差や個人内変動があり、同じ刺激を提示したからといって感じ方が常に一定になるとは限らない。感覚に影響を及ぼす人間側の要因には、感覚・知覚の特性に基づくものから、構えや思い込みといった個々人の経験や学習に基づく判断の偏り（バイアス）まで様々ある。

　ここではそれら官能評価に影響を及ぼす可能性のある知覚・認知特性の例を説明する。官能評価を実施する際にはこのようなバイアスを考慮した上で、信頼性の高いデータが取得できるよう留意する必要がある。

（1）認知バイアス

1）教示効果

　事前になされる教示の内容が試料の評価に影響を及ぼすことを教示効果（instruction effect）という。課題の目的や試料に関する説明によってパネルに何かしらの構えや先入観が生じ、それらが試料の知覚や評価に影響を及ぼすものと考えられる。

　例えば、馴染みのないにおいを提示する際に、そのにおい物質が人体

に有害であることを示唆する教示を事前に与えられた実験協力者群は、人体に有益と示唆する教示を与えられた群よりも、そのにおいを不快に、かつ強度を強く評価したとされる[59]。教示効果の影響を避けるためには、パネルに特定の構えを生じさせるような情報を事前に提示しないようにすること、盲試料とすることなどが挙げられる。

2）ブランド効果

　試料に関連する情報のうち、品質や価値、ブランド等に関わる情報が試料の評価に影響を及ぼすことはブランド効果 (brand effect) などと呼ばれる。ブランドに関する構えや先入観による影響といえる。

　例えば同じ食品に対する嗜好評価を行う場合でも、企業名やブランド名が明示されている場合とブラインドの場合とでは評価が異なることがある。コーラを味わう際の脳賦活を機能的磁気共鳴画像 (fMRI) で測定した研究によると、事前にブランド名を教示されてから味わった場合と、ブラインドで味わった場合とでは、同じコーラ飲料であってもその嗜好性評価や、嗜好性評価と強く関連する脳部位が異なったという[60]。教示効果の場合と同様、ブランド効果の影響を避けるには、ブランド等に関する情報を事前に提示しないようにしたり、盲試料とする必要がある。

　なお、A社、K社、S社などと企業名を記号化した場合も、パネルはそのイニシャルから想起される企業名を想定した構えをつくる可能性もあることから（記号効果）[61]、留意が必要である。

3）ステレオタイプ

　ステレオタイプ (stereotype) とは、ある集団・カテゴリに属する構成員がもつ属性についての誇張された信念などと定義される[62]。もともと社会心理学の対人認知で用いられる概念であるが、食品に対しても様々なステレオタイプ的認知が存在することが知られている。

　例えば、機能性食品に対して「健康にはよいが味はよくない」といった

ステレオタイプ的認知を有している場合、その先入観が試料の評価に影響を及ぼす可能性がある。また、ブランド効果とも関連するが、食品の原産地に関する情報（国産か輸入品か、有名産地かなど）も評価に影響を及ぼす場合もある[63]。

　食品そのもののみならず、食品の摂食者に対するステレオタイプもある。これは特定の食品を好んで摂取する人物に対するステレオタイプであり、例えば低脂質食品を好む人物は高脂質食品を好む人物よりも「女性的」と評価されやすいとされる[64]。

　このように食嗜好からその人のパーソナリティや社会的役割が推定されることが評価懸念となってパネルの評価に影響を及ぼす可能性にも留意する必要があろう。

４）チョイスブラインドネス

　チョイスブラインドネス（choice blindness；選択盲）とは、意思決定において意図と選択結果の差異に気づかない現象を指す。

　研究例として、大学生を対象として 2 名の女性の写真を提示し、より魅力的な方を選択させた実験がある[65]。この実験では、選択課題後に実験協力者が選択した女性の写真をもう一度手渡し、なぜそちらを選択したか理由を説明させる課題が行われたが、いくつかの試行では実験協力者が選択しなかった方の写真を手渡していた。それにもかかわらず、このすり替えが行われた試行の 70％ 以上で実験協力者はすり替えに気づかなかった。そして実際には自分が選択しなかった方の写真であるにもかかわらず、自分がなぜその写真を選択したか理由を報告したという。

　写真の他にも、抽象画の美的評価やジャムの食味、フレーバーティーのフレーバーの好ましさなどを用いた類似研究でも同様の傾向が確認されている[65][66]。後述のポスト・ディクションとも関連するが、理由を説明する段階での後づけの解釈により、事前の意図や選択自体が書き換えられる可能性があることを示唆する現象といえる。

5）ポスト・ディクション

ポスト・ディクション (postdiction) とは、予測 (prediction) の反対の意味の造語であり、「後づけ」といった意味である。知覚において、後から提示された刺激が先行して提示された刺激の知覚に逆行的に影響を及ぼす例が報告されている[67]。

例えば、視覚におけるフラッシュラグ効果という現象がある。これは図2-23(a)のように緑から赤まで連続的に色が変化する光刺激を提示し、黄の時点で周囲に同じ黄の光刺激をフラッシュ提示すると、知覚的には図2-23(b)のように、より後に提示される橙と黄のフラッシュが同時に提示されたように見えるという現象である[68]。これはフラッシュ刺激より後に提示された運動刺激（色変化）がフラッシュ刺激提示時の知覚に影響を及ぼすポスト・ディクションの例といえよう。

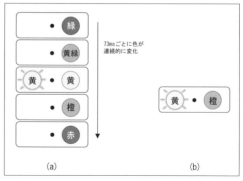

図2-23　視覚におけるフラッシュラグ効果の例
色が連続的に変化する光刺激を提示しながら、その色が黄の時点で同じ黄の光刺激をフラッシュ提示する。(b) 知覚的には、黄より後に提示される橙と同時に黄のフラッシュが生じたように見える[67][68]。

（2）知覚現象

1）順応

感覚受容器が同じ刺激に連続してさらされることで、刺激感度が変化する現象を総称して順応 (adaptation) という。刺激感度が高くなる正の順応と、刺激感度が低くなる負の順応がある。正の順応の例としては、視覚における明順応と暗順応が挙げられる (2.1(3) 参照)。

負の順応の例としては、香水の匂いははじめ強く感じられるが、しばらくすると感じられにくくなる現象などが挙げられる。味覚や嗅覚、口腔内体性感覚などは化学感覚と呼ばれるが、化学感覚は負の順応が生じやすいと

される[69]。官能評価においても順応が評価に及ぼす影響を考慮し、サンプル間で充分なすすぎやインターバルの確保を行い、前の刺激の消失や唾液の分泌など、パネルの口腔内環境の回復を待つ必要がある[69]。

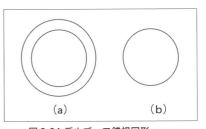

図 2-24 デルブーフ錯視図形
(a) の内円と (b) の円は同じ大きさであるが、より大きな円に囲まれている (a) の内円の方が大きく見える。

2）同化

ある刺激の知覚的特徴が、空間的あるいは時間的に近接した類似刺激の知覚的特徴と同じ方向に偏って知覚される現象を同化（assimilation）という。

例えば、みかんやオクラを赤や緑色のネットで包むと、色の同化（とくに色相・彩度の同化）によって実際よりも鮮やかに見える[70]。

また、図 2-24 はデルブーフ錯視と呼ばれる錯視図形であるが、円 (a) と円 (b) の大きさは物理的には等しいにもかかわらず、円 (a) の方が大きく見える。これは、円 (a) は周囲にある大きな円図形と同化し、実際より大きく見えるからである。

一般的に、同化は近接した刺激同士の知覚的特徴に差異が少ない場合に生じ、差異が大きい場合には対比が生じやすいとされる。

3）対比

空間的あるいは時間的に近接した 2 つの刺激の差異が実際以上に強調されて知覚される現象を対比（contrast）という。視覚における明るさ（明度）の対比についてはすでに触れたが（2.1 (3) 参照）、色相や彩度についても対比は生じる。味覚においても、スイカや汁粉にごく少量の塩を加えることで甘味が強調されることは経験的に知られているが、これも塩味と甘味の対比を活用した例といえる。

また、嗜好評価において、嗜好性の高い（非常に快い）サンプルの後

に提示された嗜好性が中程度の（快いとも快くないともいえない）サンプル
は、それ単独で提示される場合よりも嗜好評価が低くなる傾向がある。こ
の現象はヘドニック・コントラスト（hedonic contrast）と呼ばれる[71]。

4）中心化傾向

　中心化傾向（central tendency）とは、採点法（評点法）のように各サ
ンプルの特性を段階的な尺度を用いて評定する際に、その評定段階の中
央付近の選択肢に回答が集まりやすい傾向を指す。

　例えばサンプルの外観のよさを「-3: 非常に悪い」「-2: 悪い」「-1: や
や悪い」「0: ふつう」「+1: ややよい」「+2: よい」「+3: 非常によい」の 7
段階で評定させた場合、-1 から +1 あたりの選択肢が選択されることが多く、
-3 や +3 といった極端な選択肢は選択されにくくなる。

　特に消費者パネルが分析的な評価を行う場合などは、試料の感覚的特
徴の差異をつかみきれずに曖昧な評価となってしまい、その結果として中
心化傾向となりやすいという報告もある[72]。順位法や一対比較法などと比
較して、評定尺度を用いて得られたデータは間隔尺度とみなすことで定
量的な分析の幅は広がるというメリットもあるが、一方でこのような回答バ
イアスにも考慮する必要がある。

5）順序効果

　順序効果（order effect）とは、同じ刺激であっても、刺激の提示順序
によって評価が偏る心理効果を指す[73]。

　例えば 2 個のサンプルを続けて評価する場合、先に提示されたサンプ
ルの評価が後に提示されたサンプルの評価に影響を及ぼす可能性がある。
その要因としては、順応や対比、慣れ、飽きなどが挙げられる。人を対
象とした実験・調査を行う際に常に生じる可能性のある誤差は恒常誤差と
呼ばれるが、順序効果は恒常誤差の1つである[74]。

　官能評価実験を行う際には、順序効果が官能評価のデータを歪めてし

まわないよう、サンプルの提示順序に配慮する必要がある。

6）誘導効果

　ある感覚モダリティに対する判断や評価が、その刺激の別の感覚モダリティによって特定の方向に変化することは<u>誘導効果</u> (induction effect) などと呼ばれる。

　例えば、におい（嗅覚）の同定や評価は、におい刺激に付随する色（視覚）の影響を受けやすいことが知られている[74]。ひとつの例として、ワインのエキスパートパネルにワインの香りを評価させた実験では、赤く着色した白ワインを提示したところ、多くのパネルはそのワインを赤ワインの評価に使われる言葉で表現したとされる[75]。これはにおいの評価が色によって特定の方向に誘導された結果といえよう。

【引用文献・参考文献】
1. 感覚の大きさとその測定
1.1 心理量と物理量
　1)ユクスキュル J., クリサート G.（著）日高敏隆，野田保之（訳）:『生物から見た世界』，思索社（1973/1934）
　2)大山正，藤永保，吉田正昭（編）:『心理学小辞典』，有斐閣（1978）
　3)ギルフォード J. P.（著）秋重義治（監訳）:『精神測定法』，培風館（1959）
　4)大山正（編）:『実験心理学』，東京大学出版会（1984）
　5)Stevens, S. S. :『Psychophysics: Introduction to its perceptual neural and social prospects』，John Wiley (1975).

1.2. 心理物理学的測定法（psychophysical methods）
　6)原澤賢充:適応的心理物理学的測定法による閾値の推定 . Vision 2003 ; 15(3) ; 189-195.
　7) Taylor M. M. Creelman C. D. : PEST: Efficient estimates on probability functions. Journal of the Acoustic Society of America 1967 ; 41 ; 782-787.
　8) Watson B. Pelli D. G. : QUEST: A Bayesian adaptive psychometric method. Perception and Psychophysics 1983 ; 33 ; 113-120.
　9) King-Smith P. E. Grigsby S. S. Vingrys A. J. Benes S. C. Supowit A. : Efficient and unbiased modifications of the QUEST threshold method:theory, simulations, experimental evaluation and practical implementation. Vision Research 1994 ;

34；885-912.

2 感覚各論
2.1 視覚
10) 日本官能評価学会編：『官能評価士テキスト』，建帛社 (2009)
11) 大山正，今井省吾，和気典二（編）：『新編　感覚・知覚心理学ハンドブック』，精神書房（1994）
12) Katz, D.：『The world of colour』, Kegan Paul (1935).
13) エリック R．カンデルほか（著）金澤一郎　宮下保司（訳）：『カンデル神経科学』，メディカル・サイエンス・インターナショナル（2014）

2.2 聴覚
14) Suzuki, Y. & Takeshima, H.(2004). Equal-loudness-level contours for pure tones. Journal of Acoustic Society of America, 116(2), 918-933.

2.3 嗅覚
15) 東原和成：嗅覚の匂い受容メカニズム．日本耳鼻咽喉科学会会報 2015; 118(8); 1072-1075.
16) Marvin P. Fried：『耳鼻咽喉疾患』，MSD Manual プロフェッショナル版 (2016)
17) 倉橋隆：『嗅覚生理学』，フレグランスジャーナル (2005)
18) N. Tro 著，狩野直和，佐藤守俊（訳）：『トロウ化学入門』，東京化学同人（2015）
19) 加藤寛之，渡邊久夫：『食品の匂いと異臭』，幸書房（2011）
20) 並木満夫，中村　良，川岸舜朗，渡邊乾二　共編：『現代の食品化学（第 2 版）』，三共出版（2017）
21) 岩崎好陽：『臭気の嗅覚測定法』，臭気対策研究協会 (1999)

2.4　味覚
22) 太田正人，國島由美：味覚の新機能．日本調理科学会誌 2014; 47(4); 225-229.
23) NHK サイエンススペシャル：『驚異の小宇宙・人体 II　脳と心』，NHK 出版（1994）
24) R.F.Schmidt 著，岩村吉晃，坂田英夫他（訳）：『感覚生理学』，金芳堂（1980）
25) 山本隆：『楽しく学べる味覚生理学―味覚と食行動のサイエンス―』，建帛社，p 99（2017）

2.5　触覚
26) Weinstein, S.:『Intensive and extensive aspects of tactile sensitivity as a function of body part, sex and laterality』. The skin senses (1968).
27) Bolanowski Jr, S. J., Gescheider, G. A., Verrillo, R. T., & Checkosky, C. M.: Four channels mediate the mechanical aspects of touch. The Journal of the Acoustical society of America 1988; 84 (5); 1680-1694.
28) Verrillo, R. T.: Effect of contactor area on the vibrotactile threshold. The Journal of the Acoustical Society of America 1963; 35; 1962-1966.
29) Verrillo, R. T.: Effect of spatial parameters on the vibrotactile threshold. Journal of Experimental Psychology 1966; 71(4); 570.

30) Nagano, H., Okamoto, S., & Yamada, Y: Haptic invitation of textures: Perceptually prominent properties of materials determine human touch motions. IEEE transactions on haptics 2014; 7(3); 345-355.

31) Hollins, M., & Risner, S. R.: Evidence for the duplex theory of tactile texture perception. Perception & psychophysics 2000; 62(4); 695-705.

32) Westling, G., & Johansson, R. S.: Factors influencing the force control during precision grip. Experimental brain research 1984; 53(2), 277-284.

33) Ho, H. N., & Jones, L. A.: Contribution of thermal cues to material discrimination and localization. Perception & Psychophysics 2006; 68(1); 118-128.

34) Klatzky, R.L., & Lederman, S.J.: The intelligent hand. In G. Bower (Ed.), Psycology of learning and motivation: Advances in research and theory. New York: Academic Press (1987).

35) Yokosaka, T., Kuroki, S., Watanabe, J., & Nishida, S.: Estimating tactile perception by observing explorative hand motion of others. IEEE transactions on haptics 2017; 11(2); 192-203.

2.6 複合的感覚

36) Slutsky, D. A., Recanzone, G. H. : Temporal and spatial dependency of the ventriloquism effect. Neuroreport 2001; 12; 7-10.

37) Thomas, G. J. : Experimental study of the influence of vision on sound localization. Journal of Experimental Psychology 1941; 28; 163-177.

38) Shipley, T. : Auditory flutter-driving of visual flicker. Science 1964; 145, 1328-1330.

39) Shams,L., Kamitani, Y.,S. Shimoj : What you see is what you hear. Nature 2000; 408; 788.

40) McGurk, H., MacDonald, J. : Hearing lips and seeing voices. Nature 1976; 264; 746-748.

41) Sekuler, R., Sekuler, A. B., Lau, R. : Sound alters visual motion perception. Nature 1997; 385; 308.

42) Pangborn, R.M.: Influence of color on the discrimination of sweetness. American Journal of Psychology1960 ; 73 ; 229-238.

43) DuBose C. N., Cardello, A. V. & Maller, O.: Effects of colorants and flavorants on identification, perceived flavor intensity, and hedonic quality of fruit-flavored beverage and cake. Journal of Food Science 1980; 45; 1393-1415.

44) Zampini, M., Spence, C.: The role of auditory cues in modulating the perceived crispness and staleness of potato chips. Journal of Sensory Studies 2004; 19 (5); 347-363.

45) Sakai, N., Kobayakawa, T., Gotow, N., Saito, S., Imada, S. : Enhancement of sweetness ratings of aspartame by a vanilla odour presented either by orthonasal or retronasal routes. Perceptual and Motor Skills 2001; 92; 1002-1008.

46) Stevenson, R. J., Prescott, J., Boakes, R. A. : Confusing tastes and smells: How odours can influence the perception of sweet and sour tastes. Chemical Senses 1999; 24; 627-635.

47) Clark, C. C., Lawless, H. T. : Limiting response alternatives in time-intensity scaling: an examination of the halo-dumping effect. Chemical Senses 1994; 19; 583-594.

48) Tamura, T., Taniguchi, K., Suzuki, Y., Okubo, T., Takata, R. & Konno, T. : Iron is an essential cause of fishy aftertaste formation in wine and seafood pairing. Journal of Agricultural and Food Chemistry 2009; 57; 8550-8556.

49) Bojanowski, V., Hummel, T.: Retronasal perception of odors. Physiology & Behavior 2012; 107; 484-487.

50) Kakutani, Y., Narumi, T., Kobayakawa, T., Kawai, T., Kusakabe, Y., Kunieda, S. & Wada, Y. : Taste of breath: the temporal order of taste and smell synchronized with breathing as a determinant for taste and olfactory integration. Scientific Reports 2017; 7; 8922.

51) Lim, J., Johnson. M.B. : Potential mechanisms of retronasal odor referral to the mouth Chemical Senses 2011; 36; 283-289.

52) Rock, I., & Victor, J. : Vision and touch. Science 1964; 143; 594-596.

53) Easton, R. D. : Prismatically induced curvature and finger-tracking pressure changes in visual capture phenomenon. Perception and Psychophysics 1976; 19; 201-205.

54) Charpentier, A. : Analyse expérimentale: De quelques éléments de la sensation de poids. Archives de Physiologie Normale et Pathologique 1891; 3; 122-135.

55) Botvinick, M., & Cohen, J. : Rubber hands "feel" touch that eyes see. Nature 1998; 391; 756.

56) Jousmäki, V., & Hari, R. : Parchment-skin illusion: sound-biased touch. Current Biology 1998; 8; R190.

57) Tajadura-Jiménez, A., Väljamäe, A., Toshima, I., Kimura, T., Tsakiris, M., & Kitagawa, N. : Action sounds recalibrate perceived tactile distance. Current Biology 2012; 22; R516-R517.

58) Ernst, M. O., & Banks, M. S. : Humans integrate visual and haptic information in a statistically optimal fashion. Nature 2002; 415; 429-433.

2.7　官能評価に影響する認知バイアス

59) 坂井信之, 小早川達, 戸田英樹, 山内康司, 斉藤幸子 : においに対する教示はにおいの脳内情報処理に影響を与える. におい・かおり環境学会誌 2006; 37; 9-14.

60) McClure S.M., Li J., Tomlin D., Cypert K.S., Montague L.M., Montague P.R.: Neural correlates of behavioral preference for culturally familiar drinks. Neuron 2004; 44; 379-387.

61) 公益社団法人日本フードスペシャリスト協会 : 『三訂 食品の官能評価・鑑別練習』, 建帛社 (2014)

62) 山本眞理子, 外山みどり, 池上知子, 遠藤由美, 北村英哉, 宮本聡介編 : 『社会的認知ハンドブック』. 北大路書房 (2001)

63) 日下部裕子・和田有史編 : 『味わいの認知科学 : 舌の先から脳の向こうまで』, 勁草書房 (2011)

64) Stein R.I., Nemeroff C.J.: Moral overtones of food: Judgments of others based

on what they eat. Personality and Social Psychology Bulletin 1995; 21; 480-490.

65) Johansson P., Hall L., Sikström S., & Olsson A.: Failure to detect mismatches between intention and outcome in a simple decision task. Science 2005; 310; 116-119.

66) Hall L., Johansson P., Taring B., Sikstrom S., Deutgen P.: Magic at the marketplace: Choice blindness for the taste of jam and the smell of tea. Cognition 2010; 117; 54-61.

67) 下條信輔：心と脳の時間：逆向現象を巡って. 認知神経科学 2007; 9; 177-181.

68) Sheth B., Nijhawan R., & Shimojo S.: Changing objects lead briefly flashed ones. Nature Neuroscience 2000; 3; 489-495.

69) 太田信夫監修, 行場次朗編：『感覚・知覚心理学』, 北大路書房 (2018)

70) 和田有史：ひろがる食の感性：味わいから情報理解まで. 心理学ワールド 2012; 56; 9-12.

71) Zellner D.A., Rohm E.A., Bassetti T.L., & Parker S.: Compared to what? Effects of categorization on hednic contrast. Psychonomic Bulletin & Review 2003; 10; 468-473.

72) 國枝里美：製品開発の官能評価：分析型パネルと嗜好型パネルの違いについて. 化学と生物 2012; 50; 742-747.

73) 日本官能評価学会編：『官能評価士テキスト』, 建帛社 (2009)

74) 荒尾真理, 片山順一：視覚情報によって変化する嗅知覚のメカニズム. 関西学院大学人文論究 2012; 62; 139-150.

75) Morrot G., Brochet F., & Dubourdieu D.: The color of odors. Brain and Language 2001; 79; 309-320.

第 3 章　実施上の注意

1. パネル

1.1　パネルの種類

　官能評価に評価者として参加する人の集団をパネル（panel）といい、パネルを構成する人をパネリスト（panelist）あるいはパネルメンバーという。パネルには、大きく分けて、<u>分析型パネル</u>と<u>嗜好型パネル</u>がある。文字通り、分析型パネルは、分析型官能評価に従事するパネルで、嗜好型パネルは、嗜好型官能評価に従事するパネルのことをいう。

　分析型パネルは、試料がもつ官能特性の有無や強弱を評価するパネルで、基礎研究、応用研究、製品開発における分析的な官能評価に従事し、目的に応じた何らかの基準で選抜された少数のパネリストで構成される。通常は、精度よく安定した評価ができるよう、選抜後に訓練されることが多い。必要な人数、選抜基準や訓練方法は目的によって異なるが、官能評価結果を示すときは、どのようなパネルで行ったかを明示する必要があり、人数、選抜の基準や訓練方法と期間については明確にしておかなければいけない。

　分析型パネルのうち、記述分析法（パネリストが感知する官能特性から、パネル自身が評価項目を設定し、パネル内で尺度合わせを行う官能評価法）に従事するパネルを、特に、記述分析パネル（descriptive panel）と呼ぶこともある。また、記述分析におけるパネルの討議の進行を管理し、

合意を導き出す役割を担う人のことをパネルリーダー（panel leader）という。

　なお、評価の際に、パネリストが意見を交換しながら円卓を囲んで評価するときのパネルをオープンパネル（open panel）、パネリストが意見の交換なしに独立にブースなどで評価するときのパネルをクローズドパネル（closed panel）と呼ぶこともある。

　対象試料に関する十分な専門知識や官能評価経験を有し、高い評価能力を有するパネルを専門家（expert）あるいは専門家パネル（expert panel）という。分析型パネルに属するが、豊富な経験と知識によって、試料のごく微妙な差異を検出したり、感じ取った試料の官能特性から試料の原料や製造工程における状況などを推測したりすることができる。また、官能特性の強弱の評価だけでなく、試料の良否などを判定することができる。

　嗜好型パネルは、試料に対する好ましさなどを評価するパネルで、大人数で構成される。構成にあたっては、可能な限り、調査の対象となる母集団を代表するよう留意する。主に、製品開発に関する官能評価に従事する。対象製品のユーザー（消費者）を代表とするパネルであることから、消費者パネル（consumer panel）とも呼ばれる。嗜好型パネルは、消費者パネルであることが多いが、研究室内や部署内などで予備的に行う嗜好型官能評価のパネルは、厳密には、消費者パネルではない。

1.2　分析型パネルの選抜・訓練
（1）分析型パネルの適性

　分析型官能評価において、パネルは、いわば分析機器であり、各人の嗜好や価値観などは排除した評価を要求される。また、精度よく、妥当な判断ができ、再現性を有することが望ましい。そのためには、評価の目的に応じて設定した基準で選抜し、訓練する必要がある。

　分析型のパネリストは、評価に関係する身体の部位が健康で、精神的に

安定していることが望ましい。また、官能評価に関心があり、意欲をもって評価に参加し、質問の意味を正しく理解し、偏見や先入観なく、公平、公正に評価する姿勢が望まれる。さらに、特に記述分析パネルに関しては、パネル内の討議が評価の重要なステップの一つであるため、パネリストには十分なコミュニケーション能力が必要とされる。

　もちろん、ある一定以上の感覚感度、味、におい、テクスチャーなどの言葉による描写力を有していること、対象試料についての識別能力を有していること、感知した官能特性に関する記憶力なども必要である。

　また、分析型官能評価は、評価を繰り返し実施することが多いので、いくら感度が高くて試料の特性描写に優れた人でも、欠席しがちであれば、パネリストとしての適性はあまりない。

　なお、感覚の感度は年齢とともに低下する傾向にあることが知られているが、感度低下は個人差が大きく、また、パネリストの能力は感覚の感度だけでなく、表現能力や注意力など多面的であるため、単に年齢だけでパネルの選抜をする必要はない。性別については、一般に、感覚の感度に男女差はないと言われており、特に性別を考慮してパネルを選抜する必要はない。

　ただし、例えば、噛む力に男女差があることで食品のテクスチャー評価にパネリストの性別が影響するといったケースもある。目的に応じて分析型パネルの適性は異なり、パネル選抜にあたっては、どのようなパネルが必要であるかを考慮して、的確にパネルに望む適性を設定することが重要である。

（2）分析型パネルを構成する人数

　パネルを構成するパネリストの人数は、評価の目的や適用する評価法によって設定する。訓練された少人数のパネルの場合であっても、少なすぎると1人のパネリストの判断結果の変動が全体の結果に大きく影響するおそれがあるので、実際は、おおよそ10人程度から20人程度であることが多い。また、ISO 8586[1] では、選抜後の段階では、最終的に必要な人数よりも多

めに確保しておくことを推奨している。例えば、最終的に 10 人必要であるならば、15 ～ 20 人を確保しておくことが望ましいとしている。

（3）分析型パネルの選抜
1）募集

　募集には、組織内での募集と、組織外からの募集の2通りがある。両者が混在したパネルもある。

　組織内での募集は、例えば、部署内や研究室内、大学であれば学部や学科内、研究室内で候補者を募る。ただし、対象となる試料、製品、研究内容について詳細な情報を持っている人や、思い入れがありすぎる人は、公平、公正な評価の妨げとなる場合があるので、避けた方がよいこともある。また、組織内からの募集の場合、職位や学年などの影響で自由な発言が阻害される可能性もあるため、留意が必要である。

　組織外からの募集は、ホームページ、地域のコミュニティ誌、新聞の折り込み広告など、様々な媒体で募集を募るか、あるいは、大学や研究所などに募集案内のポスターやチラシを置くなど、手段はさまざま考えられる。ただし、募集にコストがかかる場合もあり、また、パネリストに何らかの謝金や謝礼をする必要があることが多いので、パネルの募集、選抜、運営にコストがかかることが多い。

2）説明

　パネリストの選抜試験の前には、対象者に対して、研究者や実験者からの十分な説明と対象者の意思確認が必要である。すなわち、パネルの選抜のために行われる味覚感度などのテストの説明、およびパネルの一員として採用された後に従事する官能評価についての十分な説明がなされなければならない。候補者の参加の意思確認を得たのちに、以降のステップに進む。

　官能評価実験は人を対象とする研究であるため、選抜試験に関しても、

その後の官能評価に関しても、あらかじめ、実験参加者に対する倫理的
配慮、実験参加者の個人情報の取り扱い等について、ヘルシンキ宣言[2]
の趣旨に沿って、文書によるインフォームド・コンセントを得るべきである。
可能な限り、所属組織の倫理審査委員会の承認を受けることが望ましい。

3）予備的な選抜

　感覚の感度や製品の識別能力による選抜の前に、パネリストとしての適
性の確認が必要である。すなわち、

- 官能評価に必要な心身の健康状態を有しているか
- 官能評価に関心があり、官能評価に参加する意欲があるか
- 公平、公正に評価できるか
- 官能評価実験に参加しやすいか
- 極端な好き嫌いがないか
- 官能評価の対象試料に関するアレルギーがないか

等の確認が必要である。

4）感覚の感度等による選抜

　分析型パネルは、ある一定以上の感覚感度を有していることが必要であ
る。ただし、必要とされる感覚感度のレベルは目的により様々で、疾病な
どによる感覚の機能低下の有無を確認する程度の場合もあれば、感度の
高いパネリスト候補を見出すためにごく弱い刺激によって感度を確認する場
合もある。

　外観評価に従事するパネルの選抜の場合、ISO 8586[1] は、色覚異常
について確認するよう推奨している。同規格には、色覚検査表などが紹介
され、色素を溶かした水を混合した試料液で色の違いを答えさせるテスト
の例も記載されている。

　味覚については、味の質（種類）を答えさせる試験や味の濃度差の識
別試験、嗅覚については、においの質を言葉で答えさせる試験、におい

の質の識別試験、においの濃度差の識別試験を実施することが多い。呈味物質濃度やにおい物質濃度については、種々の例が公開されている。例えば、ISO 8586[1] では、味とにおいに関して、何の味がするか、何のにおいがするかを答えさせる試験に使用する呈味物質や香気成分の種類と濃度の例が示されている。また、書籍[3]~[5] や報文[6],[7] でパネル選抜に関する詳細な説明があるものについては、試験に用いる物質の濃度の例が示されている。味覚や嗅覚の感度チェックのためのキットもいくつか販売されている。

公開されている上記の種々の選抜試験の内容には、共通点もあるが、相違点も多い。これは、必要とされるパネルの能力が、官能評価の目的によって異なるからである。したがって、パネルの選抜にあたっては、評価の目的によって、感覚感度のチェックの内容を検討する必要がある。

5）対象試料群の識別能力による選抜

検知閾値、認知閾値、弁別閾値で表される感度の高さは、パネルの能力の一面を示すにすぎず、実際に試料とする製品群における官能特性の識別能力による選抜も必要である。実際の対象試料群から評価試料を設定し、場合によっては、呈味物質の添加、希釈、加熱といった調製条件を変えて試料を設定し、3点試験法、配偶法、順位法などによって、対象試料群における識別能力を確認する。

（4）分析型パネルの訓練
1）説明

分析型官能評価において、パネルは、いわば分析機器である。官能評価への従事にあたっては、精度よく、安定して、妥当な判断ができるよう種々の訓練が行われる。

官能評価経験の無い候補者であれば、まず、官能評価のプロセスを理解させるための説明を行う。特に、個人の好みを排除して評価することに

ついては十分な説明が必要である。評価を妨げるようなフレグランスのある製品を使用しないこと、評価の前には、たばこや刺激物を控えることなどの注意事項も説明する。必要に応じて、対象試料群の原材料や製造工程について説明する場合もある。試料の評価のしかた、特に食品の場合は、においの嗅ぎ方や味わい方の説明と練習も必要であり、さらに、評価用紙や評価画面に慣れるための練習をさせることもある。実際の官能評価の見学、模擬評価の体験も効果的である。

2）味やにおい等の基礎的な訓練

　味やにおいについて、質や強度の違いを認識できるようにするため、実際に、呈味物質やにおい物質を用いて、3点識別法や順位法によるテストを行って訓練することもある。また、においの訓練では、種々のにおい物質を嗅いでにおいの質を言葉によって描写させることもよく行われる。

　テクスチャーの訓練では、種々の食品を食べてテクスチャーを言葉によって描写させることが多い。また、テクスチャーの異なる試料（例えばゲル化剤の濃度の異なるゼリー試料など）を用いた識別試験などを行ったりして訓練することもある。

3）対象試料群での訓練

　実際に従事する官能評価の対象試料群を用いて、対象試料の識別力、描写力、対象試料が有する種々の官能特性の検出力を向上させる。さらに、官能特性の評価にあたっては、強度についても適切に評定できるよう訓練する。また、対象試料の範囲を示しておくことや、ある官能特性が極端に強いものや弱いものを示しておくことも有効である。

　訓練で行った評価の結果はパネル内で共有し、相違があったときは、再度、評価を行って、刺激に対する各パネリストの検出力の向上や、強度評定における尺度の使い方についてのパネル内の認識の統一を図る。

1.3 嗜好型パネル

（1）嗜好型パネルの選定にあたっての考え方

　嗜好型パネルは、原則として、対象となる消費者の母集団を代表するように選定する。実際の市場や消費者は決して一様ではなく、異質の特性、嗜好、価値観をもった消費者が混在しているため、適切なスクリーニングを経て嗜好型パネルを構成する必要がある。

（2）消費者のセグメント化

　嗜好型パネルを選定するにあたっては、消費者を<u>セグメント化</u>（細分化）して考えるのが一般的である。このとき、どのような基準でセグメント化して、ターゲット層を設定するかが重要である。

　セグメント化の代表的な例には、消費者の特性による分類（<u>パーソナルセグメント基準による分類</u>）と消費者の反応による分類（<u>行動基準による分類</u>）がある。消費者の特性による分類には、地理的分類（居住地域等）、人口統計的分類（年齢、性別、職業、所得、ライフサイクル等）、サイコグラフィック分類（性格、ライフスタイル等）等がある。一方、消費者の反応による分類には、ある製品の使用頻度や購買頻度による分類、<u>ブランドロイヤリティー</u>（ある特定のブランドに対する消費者の忠誠心のこと）による分類等がある。

（3）嗜好型パネルを構成する人数

　嗜好型パネルを構成する適正人数に関しては諸説ある。また、パネリストの人数は精度と関係するが、数字上の誤差を小さくすること自体は、データから導かれる結論の妥当性を増すものではない。適切な人数は、評価の目的、試料の特性、予算などに応じて設定されるが、一般的に、予備試験レベルでも 50 ～ 60 人程度は必要だと言われている。ISO 11136[8] では、少なくとも 60 人以上のパネリストを用いるよう推奨している。

　また、評価結果を消費者のセグメント間で比較する場合は、各セグメントで 50 ～ 60 人程度必要となる。また、ターゲットとなる層、ヘビーユーザー

となる可能性のある層がどんな消費者なのか不確定である場合は、多数の
セグメントから消費者パネルを構成することもある。したがって、嗜好型パネ
ルは、数百人、場合によっては千人以上必要となることもある。

（4）嗜好型パネルのスクリーニング

　調査会社あるいは自社にあらかじめ登録されているモニターを利用して、
そこからパネルを構成する場合は、想定したセグメントに属する候補者が抽
出できるよう、何らかの基準によってスクリーニングする。

　大規模なモニターを利用できない場合や予備的な嗜好型官能評価である
場合には、組織内から嗜好型パネルの参加者を募ることもある。その場合は、
対象となる試料や製品について詳細な情報のある人や自社製品に思い入れ
がある人を除くことが望ましい。また、可能な限り、対象となるセグメントに属
した人でパネルを構成するよう留意する必要がある。

　＜コラム：官能評価の参加者の名称＞

　官能評価に参加する人にまつわる名称にはさまざまなものがある。ISO
8586[1]、ISO 5492[9]、JIS Z 8144[10] 等を参考に整理しておく。

パネリスト（panelist）；官能評価に評価者として参加する人。

パネル（panel）；パネリストの集団。

官能評価者（sensory assessor）；官能評価に評価者として参加する人。

評価未経験者（naive assessor）；特に選抜や訓練を受けていない評価
　　者で、官能評価の初心者。

評価経験者（initiated assessor）；すでに官能評価経験のある評価者。

適正評価者（選ばれた評価者）（selected assessor）；官能評価に関す
　　る何らかの能力によって選抜された評価者。事前に選抜試験などを受
　　けてその官能評価に適しているとされる評価者。

専門評価者（expert sensory assessor）；感度が高く、十分な訓練を受け、長い官能評価経験を有し、さまざまな製品で再現性のある評価ができる評価者。

専門家（expert）；対象試料に関する十分な専門知識や官能評価経験を有し、高い評価能力を有するパネル。

パネルリーダー（panel leader）；記述分析において、パネルの指導者として、パネルの訓練をし、討論の進行を管理し、合意を導き出す役割を担う。

オープンパネル（open panel）；パネリストが意見を交換しながら円卓を囲んで評価するときのパネル。

クローズドパネル（closed panel）；評価者が意見の交換をせずに独立にブースなどで評価するときのパネル。

消費者（consumer）；その製品のユーザーである人。

なお、パネラーという呼称は和製英語である。

2. 評価環境の設計

　官能評価は、ヒトが行うものである以上、その試験を実施する環境がパネリストの生理的、心理的に与える影響は、その評価結果にも大きく影響する。したがって、その試験の目的（分析型官能評価或いは嗜好型官能評価）や評価対象物に応じて評価環境を適切に設計する必要があり、特にクローズドパネル評価、オープンパネル評価では、異なる視点での設計が必要である。本章は、ISO 8589[11] および日本工業規格（JIS）[12)～14)] 等を参考にして説明するが、官能評価を実施する環境を設計する際には、なるべくパネリストの生理的、心理的に与える負担、影響の変動がなく、かつ評価対象物を実際に使用する状況と大きく条件が異ならないように工

夫することが重要である。

　官能評価室の設計は、大きく分けて以下のスペースの環境条件を検討する。

- ・試料を提示し、評価するための環境
  評価ブース、グループ評価室等
- ・試料を準備するための環境
  準備室
- ・評価用紙の準備や評価結果を集計、解析するための環境
  事務スペース等

２．１　基本事項

　評価試験室は、試験を計画、実施する側から見ると、評価試験の剰余変数をどのように制御できているかという事が重要であり、評価に従事する側から見ると、どれだけ集中し、心理的、身体的な負担が少なく評価を実施できる環境かという事が重要である。一般的に考慮すべき条件としては、室温、湿度、照明、色彩、騒音、臭気、振動等数多くが挙げられるが、評価対象ならびに試験の目的によって、特に要求される条件が異なることもある。

（１）評価室の設計

　官能評価室を設置する場所は、以下のような場所が好ましい。

- ・試料の提示が容易であること（準備室に隣接している等）
- ・パネリストが試験に容易に参加できる場所にあること（距離）
- ・温度変化、臭気、騒音、振動等の影響を受けにくいこと

　評価室自体の条件だけでなく、周囲環境との差異も重要であり、特別な環境条件下で評価を行う場合や評価室内外での条件が大きく異なる場合は、評価環境に慣れるための時間の確保等も考慮することが必要である。

（2）空調

1）温度と湿度の制御

　評価対象物によって適正な条件を選択する必要はあるが、一般的な評価室は、室温 20 ～ 25℃、湿度 50 ～ 60％が理想である（事務所の衛生基準では、室温 17 ～ 28℃、湿度 40 ～ 70％が努力義務となっている）。10℃以下の設定環境や外部環境と評価室内の温度、湿度条件が大きく異なる場合は、結露により病原菌やカビ等が繁殖しやすくなる等、環境汚染が発生する可能性があるので注意が必要である。

　一方、被験者の快適度から温度、湿度を管理するという考え方もあり、その場合の一つの指標として不快指数を使用することもできる。不快指数 60 ～ 70 が評価室の環境としては適切と考えられる。

　不快指数の計算方法は以下の通りである。

不快指数＝ 0.81 ×温度＋ 0.01 ×湿度（0.99 ×温度 -14.3）＋ 46.3

2）換気設備と防臭

　評価室は無臭であることが理想であり、外部の影響を軽減するためには室内を若干陽圧化しておくことが望ましい。また、換気は 0.5 回 / 時間以上の換気回数を確保し、必要となる無臭の度合いに応じて、においの出るサンプルを評価するのであれば、5 ～ 15 回 / 時間の換気回数を確保できるように設計する。ただし、換気回数を多くするために換気の風速を高めると、空気の取入れ口、排出口での風切り音による騒音が発生することがあるので、空気流路の面積とのバランスにも考慮が必要である。

　換気には、無臭化処理された空気を導入することが理想であり、無臭化の方法としては、活性炭処理やプラズマ分解処理等が適している。

　評価室内に、シンクを設置する場合は、排水溝からの臭気が影響しないように注意が必要であり、また室内の臭気の低減に関しては、壁面や床カーペット等に臭気成分の吸着効果がある素材を使用することも有効である。

（3）防音

　一般的な住宅レベルであれば、40dB 以下が理想であるが、45dB 以下を満たしていれば非常に良好なレベルといえる。「音」自体を評価するのであれば、騒音の周波数にも影響を受けるが一般的には 30dB 以下の環境が必要となる。

　また、騒音は音源からの距離に応じて減衰していくため、複数の評価ブースのある評価試験室を設計する場合には、各ブースと音源の距離がなるべく均等になっていることが望ましい。

　騒音は、「好ましくない音」の総称であり、次のような騒音がある。

　　・定常的なもの
　　　モーターや変圧器の雑音ように時間的な変化の少ないもの
　　・不安定で変動があるもの
　　　交通騒音、音楽、会話等のように強度や周波数が一定しないもの
　　・突発的なもの
　　　槌音、警報のようなもの

　このような騒音は、聴力障害、不快感・焦燥感の誘起、作業効率の低下、会話・通話の明瞭度の低下、注意力の低下等の生理的、心理的な影響を与えるので、それぞれの騒音に対する対策が必要である。

（4）色

　1）評価室内の色

　　評価室（ブース）の壁、床、天井等の建材や室内の備品には、白や灰色等の彩度の低い色を採用し、室内での心理的負担や試料の色調（見え方）への影響がないように配慮する。

　2）照明

　　照明は、評価する試料の見え方に大きく影響を与えるため、その設備の設計には十分な注意が必要である。一般的に屋内照明として広く利用さ

れている蛍光灯、LED 照明には「電球色」、「温白色」、「白色」、「昼白色」、「昼光色」があるが、これらの光源色により試料の見え方は異なってくるので、なるべく実際の使用条件に近い照明方式を採用する。一部自然採光を行うこともできるが、その場合は季節、天候、時間等により条件が変化するので注意が必要である。試料に照射する照明は、直接、間接どちらでも構わないが、極端な影や反射が起こらないように注意し、評価する試料の位置において 300 ルクス以上の明るさを確保することが望ましい（ただし、JIS Z 8723[12) では、色を比較する専用のブースの作業面において 1000 ～ 4000 ルクスの照度を要求している）。

　一方、試料の色調の影響を意図的に低減して評価するために特定の光源色の照明を使用することも行われる。その場合には、特殊な光源色の蛍光灯を組合せたり、調色機能を持つ LED ランプを用いた演出性の強い設備を採用したりすることもあるが、光源に直接色の付いたセロファンやアクリル板等を設置して調色することも十分に可能である。また、最近では評価ブースにディスプレイを設置し、コンピューターシステムにより設問への回答を行う事例も多いが、この場合ディスプレイの光が直接試料に当たると、試料の見え方に影響することがあり、特に試料の色合いが重要となる評価では注意が必要である。

①色温度について

　ヒトの感覚に影響を与える光源色を「色温度」として、数値化することがある。「色温度」とは、ある光源が放つ光の色を数値で表したもので、黒体と呼ばれる物体を加熱したときに放つ光の色を、その時の温度（絶対温度）で数値化したものであり、単位はK（ケルビン）で表す。光源色は、温度が上がるにつれ「赤→黄→白→青白」へと変化していき、ヒトの感覚的な色のイメージ（暖色・寒色）とは反対で、赤みを帯びるほど色温度は低く、青みを帯びるほど色温度は高い。

　黒体（完全放射体）とは、すべての電磁波（波長）を完全に吸収

する理想的な物体として定義されたものをいう。

図3-1は、色温度と光源色のイメージを示したものである。一般的な照明として使用される蛍光灯やLED照明の光源色は、JISにより「電球色」、「温白色」、「白色」、「昼白色」、「昼光色」の5種類で区分されている。

- 一般的な色温度の目安
  - 電球色：3000K
  - 温白色：3500K
  - 白色：4200K
  - 昼白色：5000K
  - 昼光色：6500K
- JISの規格区分[13]
  - 電球色：2600-3250K
  - 温白色：3250-3800K
  - 白色：3800-4500K
  - 昼白色：4600-5500K
  - 昼光色：5700-7100K

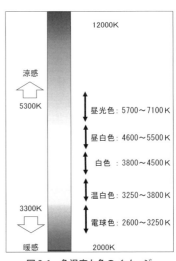

図 3-1　色温度と色のイメージ

②光源色による心理的効果について

光源色と温涼感（温かい、涼しいという感覚）の関係は、個人や地域・季節等で違いがあるが、JIS 9125[14]では相関色温度（色温度）と温涼感について次のように記載している。

「相関色温度が5300K以上：涼色、3300K以下：暖色 」

したがって、一般的な評価ブースに採用する光源色は、心理効果のある上記色温度は避けた方が良い。

２．２　評価ブースの設計

（１）基本事項

評価ブースは、基本的にパネリストが個別に試料を評価する際に使用され、

評価に集中できる環境と以下の機能が必要である。

- ・試料を提示する小窓（準備室側から試料を提示する場合）
- ・試料を提示し、評価するスペース（評価台）
- ・評価結果を記入するスペース
- ・口をゆすいだり、廃液を流したりする小さなシンク
- ・筆記用具

  鉛筆等の筆記用具には独特の香りがあるものがあるので注意が必要
- ・試験に問題点や疑問点があった際に、試験実施者に連絡する手段
- ・ティッシュペーパー等

  付香しているものがあるので注意が必要

（２）評価ブースの数と広さ

　評価ブースの数については、設置するスペースの広さや通常実施する評価試験の回数により決められるものであり、特に規定するものではないが、一般的には3〜8程度のブースがある評価室が多いようである。ブースの広さは、0.9 m（幅）× 0.6 m（奥行き）× 2.4 m（高さ）程度が心理的な圧迫感が少ない。図 3-2 に一例を示す。

図 3-2　評価ブースの一例

２.３　グループ評価室

（１）基本事項

　グループ評価は、評価者が意見を交わしながら、対象物を評価する方法であり、自由に、かつ思うままに自分の意見を出せる環境が必要である。個別での評価とは異なり、大きなテーブル等で複数のパネリストが同時に評価を行い、意見を出し合うが、位置的な影響が出ないように円卓等を採用することが多い。また、特に消費者を対象として実施するグループインタビューに関しては、対象物の総合的な評価結果の他に、対象物に対する個々の評

価が導き出される際の詳細情報も重要となり、その実施会場には特別な機能も必要となる。

（2）オープンパネルによる評価

　心理的なストレスなく意見を出し合うためには、評価する際の雰囲気が重要であるが、評価者同士の距離も重要であり、1966 年アメリカの文化人類学者のエドワード・T・ホールは、パーソナルスペースを 4 つの対人距離に大別している（表 3-1）。

　特に、120 ～ 200 cm の距離は、知らない人同士が会話をしたり、商談をし

表 3-1　対人距離の分類

距離	距離の名称	空間の例
45cm以下	密接距離	ごく親しい人に許される空間
45～120cm	個体距離	相手の表情が読み取れる空間
120～350cm	社会距離	容易に会話ができる空間
350cm以上	公共距離	複数の相手が見渡せる空間

たりする場合に用いられる距離とされている。オープンパネルによる評価を実施する際のパネリスト間の距離も、おおむね 120 ～ 200 cm 程度が望ましく、その対人距離に適した円卓を採用することがよい。円卓の一例を図 3-3 に示す。

図 3-3　円卓の一例

（3）グループインタビュー

　評価を実施する適切な環境であると同時に、対象物の評価結果が導き出されるまでの情報も取得できる機能を有することが理想である。

　　・各パネリストの発言内容に関して、誰がどのような状況の時に発言した
　　　内容であるか確認できること
　　・発言した時の表情やしぐさが把握できること
　　・ある発言に対して、同席者の反応が把握できること

以上の機能を実現するために、パネリストには意識されないように実施状況をモニタリングできるように壁面をマジックミラーにしてその奥に観察スペースを設

置したり、評価中の状況を録画・録音等できる設備を設置したりすることが多い。

２．４　準備室の設計

（１）基本事項

　準備室は、官能評価を行う試料を準備するスペースであり、以下のような配置になっていることが望ましい。

- 評価室の近くに位置し、容易に評価試料を提示出来ること
- パネリストが、評価室へ行くために準備室を通らないこと
- 準備室での作業内容がパネリストを含む試験実施者以外には見えないこと
- 床や天井、壁、そして備品類は、汚れ等を容易にメンテナンスできるような材料であること

（２）準備室に必要な設備

　飲食物を評価試料とする場合には、以下のような設備が必要となる。また、臭いや騒音等が評価室に影響しないように、独自の換気設備や防音設備を設置することが理想である。

- 試料を配膳するためのスペース
- 調理台
- 調理器具（ガス台、電子レンジ等）
- シンク
- 試料を保管するための、倉庫、冷蔵庫、冷凍庫
- 試料の提供温度をコントロールするための加温器、冷却機
- 食器類等の官能評価で使用する備品の保管スペース
- 試料を提供するための、評価室に通じる小窓もしくは通路
  準備室内は、台車等を使用して試料を移動させることが多いため、通路は 80 cm 程度の幅を確保することが理想である。また、複数の評価ブースのある評価室に隣接する準備室は、各評価ブースでの評価実施の有無や評価の進捗状況が適時把握できると準備作業が効率的

に実施できる。

・純水製造装置

試験の目的によっては、評価試料自体や口をすすぐための水は無味、無臭である必要があり、純水を供給できることが望ましい。

2.5　事務スペース

事務スペースは、評価用紙の準備や結果の集計等に使用するスペースであり、特に広さや機能等の具体的な要求事項はない。しかし、パネリストが感じた問題点や疑問に対して、直ちに対応できるような体制となっている必要がある。

評価室の温湿度の制御や、PCシステムを管理するスペースとの兼用スペースとして設置されることが多い。

2.6　その他のスペース

（1）試験内容事前説明用スペース

実施する評価試験の規模にもよるが、官能評価試験ではパネリストへの事前の説明と認識の統一が重要である。試験実施前にはその評価試験の目的や注意点等の試験結果に影響を与えないレベルの内容説明や注意説明が必要となる。参加者への個々の説明でも問題はないが、なるべく共通した情報で試験を実施するためには、評価者全員に対して試験内容を一度で説明し、質疑応答を実施しておくことが望ましい。

このための会議室的なスペースが確保できることが理想である。また、このスペースは、評価者の待機場所として利用することも可能であると時間効率が良い評価試験を実施できる。

（2）セントラルロケーションテスト

セントラルロケーションテスト（CLT）は、広く消費者の意見を聞く手法として一般的に実施される方法である。その実施会場においては、評価ブー

スのような個々の条件を制御することは非常に難しいが、なるべく実施条件が均一化できるという前提で、以下のような立地の会場であることが望ましい。

- ・立地、交通の便が良い（対象者が容易に集まれる）
- ・その調査に十分な広さがある
  　対人距離を参照した実施レイアウトが可能
- ・調査のための機器や設備が設置可能
  　機器の搬入、電源、無線 LAN 等
- ・試験目的に適した施設
  　飲食、喫煙の可不可等

2.7 食品以外の分野での注意点

　食品以外の官能評価を実施する評価室の設計において特に要求される条件に関しては、表 3-2 に記載する。

表 3-2　食品以外の分野の評価室に要求される条件

評価対象	評価の種類	特に要求される条件
自動車	目視 （色・スタイル等）	・広さ ・照明(無指向性、局部照明、演色性) ・背景の種類
	操縦性 安定性 座り心地	・テストコース(周回路) ・人工悪路 ・横風発生装置
	異常音	・低騒音(40db以下)、無振動
繊維織物	目視 （光沢、しわ、色等）	・照明
	風合、着用感	・人工気候室(温湿度、風速等の制御)
化粧品	目視 香り、異臭 触感	・照明、無臭、温湿度、無騒音 ・リラックス感
時計	目視(キズ等)	・照明、防塵($0.1\mathrm{mg/m^3}$以下)
	音色	・低騒音
ペイント	色調	・照明
音響装置	音響 ノイズ	・空調、無騒音、防音 ・残響時間、室内音圧分布
通信機器	音響 ノイズ	・無騒音 ・特殊騒音の発生

3．試料条件

　一部でも官能評価を行う条件が異なれば、その結果が変わることは当然ありうる。従って、試料の条件についても再現性の確保のため、試料の調製方法や、試料を提供する温度や容器、ロットなどできるだけ精密な統制を行うべきである。また、試料に関するその条件を記録しておくことも必要となる。

　JIS Z 9080[15]には、試料が母集団を代表する場合だけ、全体として妥当な結論が得られるとある。試料のサンプリングに関する規格があればそれに従うこと、存在しなければサンプリング方法について関係者間の合意を得なければならないこと、また目的に応じた方法で試料を準備しパネルへ試料提示を行うことが望ましい。パネルに提示する試料はできるだけ同一になるように注意し、試料のばらつき（その試験で必要な試料間差以外の変動）は最小化しなければならないとの記載がある。

　JIS では対象が全工業製品と幅広く、ISO における官能評価分析の対象は飲食品に限られるなど対象が異なるが、この節では飲食品を主に記載する。

3．1　飲食品の官能評価

（1）試料の品温

　試料の品温が変わると味の感じ方も変化する。温度と味覚の関係性についての報告は 100 年以上前から見られており、その多くは人の体温付近（22 ～ 34℃）で提示されたときに最も鋭敏になり、それより低い温度でも高い温度でも鈍くなること、例えば閾値の濃度を縦軸にしてグラフ化するとV字型を示すことを支持している[16]。その中の一つとして常温の感度と0℃での感度を比較すると、表 3-3 の通り0℃の方が感度は低くなる。

表 3-3　試料温度と味覚の感度 [17]

	常温での刺激閾値	0℃での刺激閾値	常温と比較した0℃の感度
食塩	0.05%	0.25%	1/5
ショ糖	0.10%	0.40%	1/4
クエン酸	0.00%	0.00%	1/1.2
塩酸キニーネ	0.00%	0.00%	1/30

加えて嗅覚も温度の変化を受ける。温度が上がることで香気成分の揮発量が増え刺激が強くなり、疲労も起こりやすくなる。

このように試料の温度は味覚・嗅覚に大きな影響を及ぼすため、官能評価に供する試料の温度は、一般的には下記の5つの中から目的に応じて選ぶ。

①その食品が通常飲食される状態での温度。（一般に最もおいしい温度）

②品質差を検出しやすい温度

③試料の温度をテスト中維持しやすい温度

④感覚の疲労が起こりにくい温度

⑤試料が変質しない温度

また、官能評価を行った例として表3-4のような例がある。

温度と嗜好性の関連について Cardello と Maller の研究 [18] によると、果実のジュースや牛乳など一般的に冷たい状態で飲まれる飲料は品温が上昇するにつれ嗜好性が低下し、逆にビーフシチューなど温かい状態で食べられる食品は温度の上昇とともに嗜好性も上昇すること、また温かい・冷たいどちらの品温でも飲まれ

表 3-4　食品の評価温度の例 [17]

食品	香り	味	香味
パン	22℃	22℃	
バター	22℃	22℃	
マヨネーズ	22℃	22℃	
ミルク	7℃	7℃	
スープ	71℃	68℃	
紅茶	71℃	68℃	
コーヒー	71℃	68℃	
熱い食品	66℃	66℃	
アイスクリーム	−1〜1℃	−1〜1℃	
食用油	43℃		
炭酸飲料	7〜10℃	7〜10℃	
水	22℃	22℃	
ビール	5℃	8℃	
ビール			11℃、12℃
蒸留酒			22℃
ぶどう酒	5℃	22℃	
ぶどう酒			8〜12℃
清酒			55℃
清酒			37℃
清酒			22℃
清酒			8〜12℃
焼酎			22℃

るコーヒーなどは室温での評価が一番低かった。

　これらのことから、温度と味覚の相互作用とともに、一般的な知識もしくは
パネル個人の過去の飲食経験などから適切と学習してきた、その飲食品に
ふさわしい品温の重要性も示されている。そこで一般に嗜好評価の場合は、
その飲食品が通常飲食される温度で、品質差を検出する識別テストでは検
出しやすい温度で評価を行うとよい。

　試料の温度変化を小さくするために、温かい飲料の場合はカップを温める
ことが望ましい場合もある。

　このように温度によって風味の感じ方が変わるので、複数の試料を直接
比較する評価の場合は特に、試料間に温度の差が出ないようにする必要
がある。

（2）提示試料の量・大きさ

　試料の量は、心理的に、また香気成分の揮発量などにも影響があるため、
下記2点を考慮して行う。

　①提供する試料の量

　　試料の種類やパネルにより試料の量に違いが出ないようにする。特に
同じ試料を複数のパネリストで評価する際には、前のパネリストにより減っ
た量が後のパネリストの評価に影響を与えるとも言われている。そのため
連続で評価を行う場合には、パネリストが変わるたびに試料の量を補っ
て揃えることが望ましい。

　②パネリストが摂取する量

　　一口分だけ提供するやり方と、一食分など一定量提供し、パネリスト
が自由に摂取するやり方とがある。

　　一口分だけの場合、摂取量が全てのパネリストで同一であり一度だ
けの判断になるため、疲労や順序効果などの心理効果を透明化で
きる。そのため実験の再現性を求める心理学実験でよく利用される。
一方、実際の場面を想定した嗜好型官能評価では、一定量を提供す

ることが多い[17]。

　固形物の場合、重量で合わせるだけではなく、角切りかスライスかなど形や大きさも揃える必要がある。

　パネリストに供する試料の量や大きさは利用可能な実験材料の量と飲食可能な量の両方から制限される。少量の試料を供する場合でもパネリストが評価し、必要ならば再度味わえる量でなければならない。また、たとえ少量の試料でも、製品を代表するものでなければならない。

　なお、舌の部位により基本味の味覚感度が異なるとの考えに基づいた味覚地図は現在では否定されている。ただし舌の中央部分は舌の先部分・側面・後方よりも味の感度が低いことは支持されており、舌の部位による感じ方には違いがある。そのため口に含む量としては、十分口中に行き渡る量が必要である。

（3）試料の状態

　試料によっては状態が一様ではない場合も多い。飲料であっても粒入りであれば粒の大きさ、かたさ、量の違いがパネリストにより異なることがないように調製することが必要である。また、農産物のような部位による差が大きい場合には、小さく切って混合したり、部位を指定したりするといった工夫が必要である。

　また市販の飲料の場合でも、規格値の上限と下限では風味が異なる場合もある。同一ロットなどで揃え、どの特性値の製品を評価しているのかを確認しておくことも重要である。

（4）試料の数

　パネリストに対する予備実験から、1回に評価可能な試料数を決める。その際には製品のタイプだけではなく、評価する特性の数、テストの種類、パネルの経験度合い、さらにパネリストの意欲なども考慮する。そのセッション

の評価に供試できる試料数は、パネリストの知覚および感覚的な疲労の関数となる[19]。

　1回の評価で行う試料の数は、質問の内容やパネルの経験や能力などによるが、味覚や嗅覚に関しては順応などの感覚疲労、精神疲労があるため、通常3種類程度、多くても5種類程度が望ましい。さらに後に残りやすい苦味物質を含む試料や油脂を含む試料に関しては1、2種類程度とする場合が多い。嗅覚に関しては閾値の上昇で確認すると、最初の2分で50%以上の順応もしくは回復が示されること、また、順応よりも回復の方が早いということなどが報告されている[20]。

　一方、視覚に関しては精神疲労を考慮して、一般的には、7、8種類から12種類程度がよいとされている。

（5）容器・食具

　試料の性質・試料数などに応じて器具を選択する。この器具が試験結果に影響を及ぼしてはならない。標準化された器具が存在し、適していればその器具を使用する（例えばISO 3591のワインテイスティング用グラス[21]）。

　一般的には容器の条件としては次の5つの原則を考慮する。

　　①容器の色、透明度、形、大きさ、質は同一のものとする

　　　比較する試料は同じ容器を使うことは当然として、提供する試料にふさわしい大きさなどを工夫する。

　　②無味・無臭の材質である

　　　ガラスや陶磁器が一般的である。紙容器やプラスチック容器などの使い捨て容器は、においがないことなどを事前にテストを行い、条件が合えば業務の効率化になる。ただし、スープなど香り立ちや容器の触感、口腔内への液体の流入状態の影響もあるものに関しては、実際の食事で使用される形や材質の容器を用いることも必要である。

　　　木製品はにおいがしたり、試料から成分を吸着しやすいので、まな板やボウルとしては使わないほうが良い。木製の箸なども注意が必要である。

③洗浄に十分注意する

　ガラス、陶磁器の容器は無臭の洗剤で洗い、十分にすすぎ、無臭であることを確認する。

④明らかにしたい特性を浮かび上がらせるのに適した形、大きさを選ぶ

　液体のにおいを評価する場合は、先がすぼまったブランデーグラスや円柱状のトールグラスなど、香料の場合は匂い紙が一般的に用いられる。

⑤試料間の色の差をマスクして評価したい場合、色付きの容器を用いる

　容器だけではマスクが不十分な場合は照明によるマスクも考慮する。容器の一例を挙げると、ビールや日本酒では褐色タンブラーなども用いられる。

（6）コード

　試料を区別するためのコードは、1ケタの記号や数字には人の好みが反映されたり、その記号に意味を見出されたりすることがあるので（例えばSに対してはStandardやSampleのように）、3ケタのランダムな数字が望ましい。

（7）口ゆすぎ

　評価前、評価中に口ゆすぎができる様、口ゆすぎのための水も用意しておくと良い。

　口ゆすぎの効果の一例として、G.M.TroutとR.F.Sharp[22]により1%の食塩水10mlを15秒間口中に保って吐き出すと、全量の10%が口中に残るが、10mlの蒸留水による1回のゆすぎでその69%が、2回のゆすぎで96%が除かれると報告されている。

3.2　化粧品の官能評価[23]

　化粧品の官能評価を行う場合、化粧品のアイテム毎に適した評価手順・環境があり、飲食品にはない注意点もある。

　特に試料の温度により、例えばクリームののびや、香り立ちが異なるのは

飲食品と同様だが、パネル自身の状態（塗布面の体温や発汗状態、皮脂量など）、手の動かし方や小道具の物性・使い方の影響も大きい。

3.3　衣の官能評価 [23)]

　衣は身にまとうため、風合い、着心地、身につけた時の心理的な快適さなどが代表的な評価項目として挙げられる。衣の官能評価では視覚と触覚が重要であるが、聴覚、嗅覚も用いる。対象となる項目の一例として、視覚は「衣服シルエット」「ドレープ」「デザイン」「柄」「色彩」「光沢」「テクスチャー」「しわ」「織きず」「糸むら」などが、触覚に対しては「布の風合（こし、なめらかさ、しゃり感など）」「衣服の着心地（温湿感、拘束感）」などが、聴覚には「衣擦れ」などが、嗅覚には「布地のにおい」「芳香繊維の香り」などが挙げられる。

　視覚による評価の場合には、直接試料に触れることはないので汚れたり、しわが寄ったりして試料の状態が変わることはないが、触覚による評価では皮膚で触れて評価するので試料の状態が変わることがある。評価は同じ状態の試料を提示することが望ましいので、風合いなど触れる評価の場合には枚数を多く用意するなどの配慮が必要である。また、試料の大きさによっても評価は変化するので、ある程度の大きさで揃える必要がある。

　着心地のような衣服の評価の場合には、パネリストの身体サイズに合わせた試料の準備が必要である。この際、同じ衣服を別パネリストが使用することは試料の状態変化に加えて、他人のものを着ることに対する抵抗感もあるので、この点を考慮して試料を準備する必要がある。着心地には環境因子（温度・湿度など）、パネル因子（性別・年齢・体型など）が影響するので、この点も注意する。

3.4　住まいの官能評価 [23)]

　住まいの官能評価においては、視覚・聴覚・触覚・嗅覚を用いて評価される。評価対象をどこまでとするのか、住まいの一要素である家具・インテ

リア類から、住環境まで幅広いが、今まで述べてきたような消費財と異なり、特に建物では大きさからも実物を並べて評価することは難しい。このため縮尺した構造物や、写真、スライドなどによる評価が行われるが、写真やスライドによる評価と実物の評価とのズレは起こりうるので、いかに実物に近い状態を再現できるかが重要である。特に住環境の良さ、住み心地に関しては、対象の建物だけではなく、範囲外の環境・雰囲気も影響するので注意が必要である。

４．　評価用紙の設計

４．１　評価用紙の設計の考え方

　官能評価を実施するにあたり精度や再現性の良い結果を得るためには、評価用紙の設計に考慮が必要である。設問設計の仕方で評価が大きく変わることがあるので、下記の原則と手順を参考に設計する。官能評価の目的を達成するためには、予備実験を繰り返し、設問を十分に見直すことが望ましい。

　特に、評価項目の用語の選定には注意が必要である。また、ヘルシンキ宣言[2)]の趣旨に沿って、パネルから自由意思による同意を得ている証拠となる項目を評価用紙に設定することも行われている。

（１）　設問作成の原則

　①ヘルシンキ宣言の趣旨に沿って倫理的配慮を図る。

　②評価に必要な情報が漏れなく記述されている。

　③あいまいな表現を避け、理解しやすく誤解を招かない表現である。

　④感情的でなく、嫌悪感、不安感を与えない表現である。

　⑤誘導や先入観を与えない表現である。

（２）　評価用紙の設計手順

　①官能評価の目的を決定する。

②目的に合った評価方法の種類と使用する統計処理方法を決定する。

③目的と方法に合った評価項目を決定する。

④項目の順番を決定する。

⑤評価項目の用語を選定し表現方法を決定する。

⑥評価用紙のレイアウトを決定する。

⑦予備実験を実施し、評価用紙を修正する。

４．２　用語の重要性

　評価項目にどのような用語を用いるかは結果に大きく影響する。特に感性的な擬音語・擬態語（オノマトペ）表現や抽象的表現を用いる際は注意が必要である。例えば、リンゴの心地よいテクスチャーを評価する項目として、「サクサク感」「シャキシャキ感」「カリカリ感」等のいずれかの用語を使うかによって結果が異なることがある。

　また、尺度のラベルに使われる程度（強度）を表す用語も結果に大きく影響する。例えば、試料の受容性が高いことを示す「非常に好き」、「とても好き」、「たいへん好き」等のうちいずれの用語を用いるかによって結果が異なることがある。

４．３　評価項目の用語選定

（１）用語の分類

　官能評価が分析型か嗜好型かによって、異なる用語が使われる。特に、パネルが訓練された者か一般消費者かで使える用語が異なる。分析型で専門家の場合、専門用語を使うことが可能である。また、パネリストが初めは知らなかった用語でも、定義付けすれば使うことができる。

　評価用語の分類として、嗜好的表現、抽象的表現、具体的表現がある。これらを表 3-5 にまとめた。

　「おいしい」などの嗜好的表現は嗜好型官能評価にのみ使用可能である。抽象的表現を嗜好型官能評価に用いる場合は評価の目的に応じて説

明を加える必要があ
る。抽象的表現を分
析型官能評価に用
いる場合は、定義付
けしてパネリスト間で
異ならないようにする
必要がある。具体的
表現である「あまい」

表 3-5　評価用語の分類

嗜好的表現	「おいしい」など、好みや良し悪しを表す言葉。
	嗜好型官能評価にのみ使用可能。
抽象的表現	「上品な」「深みのある」など。
	嗜好型官能評価の場合は、目的によって定義づけするかしないかを決める。
	分析型官能評価の場合は、要素を整理して複数の用語に変えるか、定義づけする。
具体的表現	「あまい」「かたい」など味覚や触覚などに基づく表現や「バラのような香り」など擬似表現。
	分析型官能評価に使用可能。

「かたい」などは分析型官能評価に用いることができる。しかし、時間経
過とともに特性が変化する場合は、時間軸上のどの点での評価であるかを
指定する必要がある。

（2）用語収集

　官能評価を具体化する際は、まず初めに評価の候補となる用語を収集す
るところから始まる。この際、試料を用いる場合と用いない場合がある。

　試料を提示してパネリストが用語をあげる場合は、試料の選び方により収
集される用語変わるため、想定した評価の対象範囲から偏りなく試料を選ぶ
ことが重要である。選定された試料を用いて、パネルが官能特性を表現す
る言葉を思いつく限り書き出す。この時、用語リストを参照しながら用語を選
択してもよい。

　例えば、食品の場合、ASTM の用語リスト[24]、ISO の texture profile[25]
などが提唱されている。日本語のテクスチャー用語体系も作成され、公開さ
れている[26]。また、個別の製品群についての用語リストもあり、例えば、ISO
ではコーヒー（ISO 18794）[27] や茶（ISO 6078）[28] が定められ、用語体系
に関する研究成果も多く公開されている。

　また、飲料、酒類や香料の世界ではフレーバーホイール（Flavor
wheel）やフレグランスサークル（Fragrance circle）として、においや味
の特性を構成する要素（用語）をタイヤのホイールのように丸く階層的に配

列した図で体系化されていることも多い[29]。ビール、ワイン、日本酒、コーヒーなどのフレーバーホイールがよく知られている。

　試料を使わないで用語を収集する場合は、多人数の消費者によるアンケート、少人数の消費者のグループインタビューや、その試料の分野に詳しいパネルなどが自らの経験によって評価用語をあげる。さらに、前述の用語リストを参照することもできる。また、先行研究や文献の調査、インターネットの検索などで幅広く用語を収集することもある。いずれの場合でも、実際の試料を用いた予備実験で用語に不足がないか確認するべきである。

（3）表記の整理

　表記の整理では、擬音語・擬態語の語形、接尾語、漢字・カタカナ・ひらがな表記を整える。これら過程は官能評価の実施者・専門家・パネルリーダー等の少数の人で行われることが多い。

　例えば、擬音語・擬態語の表記のしかたを統一したり（例「とろり」「とろーり」「とろりん」を「とろり」に統一）、比喩の表記の仕方を統一したり（例「ゴムのような」「ゴムみたい」「ゴム状」を「ゴムのような」に統一）、漢字表記を統一したり（「水っぽい」「みずっぽい」を「水っぽい」に統一）する。

　ただし、硬と堅と固、軟と柔、油と脂のように同じ読み方でニュアンスが異なる漢字もあるので、そのような場合は注意が必要である。

（4）不適当な用語の削除

　不適当な用語の削除では、目的に合わない用語や明らかに不要な用語を削除する。この過程は、どの程度の削除を行うかによって従事する人数は異なる。機械的にあるルールに則って明らかに不適当だとみなされる用語のみを削除する場合は、実験者あるいはごく少人数のパネルで行うことが多い。削除する用語に対して個別に判断を要する場合は、パネルの人数を増やし、討議によって削除することもある。

　削除の対象となる用語は、例えば、分析型の官能評価における明らかに

嗜好を表現する用語、個人言語で他のパネリストには理解されにくいとみなされる用語等である。官能特性のプロファイリングのための用語選定の指針であるISO 11035[30]には、削除すべき用語の例として、嗜好表現（「快適な」「食欲をそそる」等）、量的表現（「多すぎる」「強い」等）、試料そのものの名称を含む用語（パンの評価における「パンらしい味」等）、無関係の用語（におい評価における「酸味」等）が挙げられている。また、用語収集時の出現頻度や予備実験による出現割合を参考にして、用語を削除する際の基準とすることもある。

　ただし、用語の削除について一律に判断基準を定めることは難しく、評価の目的に応じて削除する判断基準を設定するのが現実的であると考えられる。

（5）用語のグループ化

　用語のグループ化は討議で行う場合と予備実験で得られたデータを統計解析して行う場合がある。評価用語の候補が数十語から百語程度に絞られたら、類義語をグループ化する。これは、パネルリーダーを中心としてパネルが討議し、KJ法によってグループ化する場合と、予備実験でデータを収集して多変量解析（主成分分析、コレスポンデンス分析、多次元尺度法、クラスター分析等）でグループ化する場合がある。

（6）最終的な用語の決定

　グループ化した用語から、最終的に評価に用いる用語をパネルの討議によって決定する。予備実験のデータがある場合は、試料間の差が大きく、パネリスト間の差が小さい用語を選ぶなど、何らかの統計パラメータを用いることも可能である。あわせて、十分に討議を行って、用語の定義やリファレンスも定める。なお、以上のような用語選定の過程は、ISO 11035[30]にもその手順が示されている。

（7）用語に対する意識の統一

　用語が決定したら、定義やリファレンスも定め、パネリスト間で合意に達するまで十分に討議し、用語に対する意識の統一を図る必要がある。

４.４　評価尺度（カテゴリー尺度、線尺度、目盛のついた線尺度など）の用語選定

　評価尺度は、特性の強弱大小は5段階、7段階、9段階の奇数、場合によっては10段階以上の評価尺度や、目盛のついた線尺度、目盛りのない線尺度などが用いられる。これら評価尺度は、試料間の特性差の大きさ・パネルの能力・回答しやすさなどを加味して選定される。

（1）強度尺度

　評価に用いる尺度のラベルにつける用語の選定は、評価結果に影響する重要な過程である。以下に、両端にのみ用語をつける場合、数段階の用語をつける場合、また、特に消費者の嗜好を調べるための尺度の用語について述べる。

　線尺度、あるいは9段階、7段階、5段階などのカテゴリー尺度で、両端にのみラベルをつける場合は、単極尺度であるか両極尺度であるかに応じて、「ない」、「ある」、「やわらかい」、「かたい」など、適切に用語を選べばよい。表3-6に両極尺度に用いる用語の例を示す。

　9段階、7段階、5段階などの尺度に、順序性や等間隔性を仮定したい場合、「とても」や「やや」などの程度（強さ）を表現する用語を、より慎重に選ばなければならない。用語の程度の順序性だけを仮定したい場合は、程度（強さ）が逆転しないように用語を選べばよい。等間隔性を仮定したい場合は、等間隔に近くなるように用語を選ぶ必要がある。このような用語について、どの程度強いのかを数値で示した井上[31]による研究があり、用語を選ぶ際に有用な情報

表3-6　単極および両極尺度の両端に用いる用語の例

単極尺度	ない － ある
	全く感じられない － 強く感じられる
両極尺度	やわらかい － かたい
	パサパサ － ジューシー
	細かい － 粗い

が示されている。例えば、「最も」「非常に」「きわめて」の3語と「かなり」の間にはレベルに違いがあること、マイナス側の表現「最も〜ない」「非常に〜ない」「きわめて〜ない」の3つの用語に区別がないこと、「やや」「いくらか」「ちょっと」「じゃっかん」「少し」には差がない可能性があり、これらの語と「わずかに」はレベルが違うこと、などが指摘されている。

表 3-7　各尺度のラベルに使う用語の例

9段階	7段階	5段階
非常に	非常に	非常に
とても	とても	やや
やや	やや	どちらでもない
わずかに	どちらでもない	やや〜ない
どちらでもない	やや〜ない	非常に〜ない
わずかに〜ない	とても〜ない	
やや〜ない	非常に〜ない	
とても〜ない		
非常に〜ない		

井上[31]より。

　また、この研究で、井上[31]は、9段階、7段階、5段階の尺度に用いるべき用語を提案している（表3-7）。なお、JIS Z 9080[15]にも尺度に使う用語の例が掲載されている。

（2）嗜好尺度

　消費者パネルに対して嗜好や受容を質問する場合は、嗜好や受容の程度が重要なので、尺度の用語選定が重要である。試料に対する嗜好性や受容性を評価する際の尺度には様々あるが、9段階嗜好尺度が用いられることが多い[15][31][32]。表3-8に例を示す。しかし、9段階嗜好尺度は、両端

表 3-8　各尺度のラベルに使う用語の例

	井上[31]	JIS Z 9080[15]	Yao et al.[32]
9	非常に好き	最も快い	非常に好き
8	とても好き	かなり快い	とても好き
7	やや好き	少し快い	まあまあ好き
6	わずかに好き	わずかに快い	どちらかといえば好き
5	好きでも嫌いでもない	快いとも快くないともいえない	好きでも嫌いでもない
4	わずかに嫌い	わずかに不愉快である	どちらかといえば嫌い
3	やや嫌い	少し不愉快である	嫌い
2	とても嫌い	かなり不愉快である	とても嫌い
1	非常に嫌い	最も不愉快である	非常に嫌い

である「非常に好き」や「非常に嫌い」に応答が出にくく、また、極端な試料間の差が検出されにくいという傾向があるとの指摘もある。さらに、尺度の等間隔性が保証されないことがあるため、データを統計解析する際に制約がある。

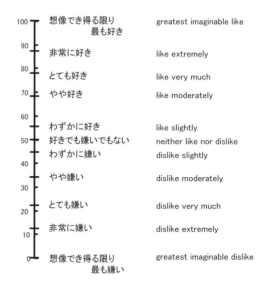

100	想像でき得る限り 最も好き	greatest imaginable like
90	非常に好き	like extremely
80	とても好き	like very much
70	やや好き	like moderately
60		
50	わずかに好き 好きでも嫌いでもない わずかに嫌い	like slightly neither like nor dislike dislike slightly
40	やや嫌い	dislike moderately
30	とても嫌い	dislike very much
20	非常に嫌い	dislike extremely
10		
0	想像でき得る限り 最も嫌い	greatest imaginable dislike

図 3-4　LAM 尺度の例
Schutz & Cardello[33] の提案した LAM 尺度の例。井上 [31] の提案した尺度用語と河合 [35] の尺度用語訳を参考にして改変。

この問題を解決するために開発されたのが、LAM 尺度（Labeled affective magnitude scale）[33] である。

図 3-4 に LAM 尺度の例を示す。パネリストは、数値と用語を目安に試料の受容性を評価する。9 段階嗜好尺度も LAM 尺度も得られる結果には差がないという研究報告 [34] もあり、試料の特性、パネルの人数等を勘案して尺度を選ぶのが現実的であると考えられる。いずれにしても、どのような用語を使う際にも、「やや好き」「少し好き」「ちょっと好き」のように、違いのあいまいな用語を使うことは避けるべきである。

4.5 フェイスシート

フェイスシートとは対象となる人の個人情報・プロフィール情報が記載されている票のことを指す。官能評価ではパネリストの属性を明らかにするために、フェイスシートを用意して情報を得ておくことがある。一般的には、性別、年齢、職業、学歴、婚姻の有無、家族数、居住地、収入などがあるが、必要に応じて選択する。さらに、商品開発やマーケティングに使用する場合、質問

内容に関連する項目として、趣味、関心度、価値観、生活習慣などのパーソナリティに関する情報を盛り込むこともある。

このように、フェイスシートの項目は個人情報となるので、回収後にしっかりと個人情報を保護すること、適切に保管されることを伝える必要がある。また、フェイスシートの項目を適切な用途・目的以外には一切使用しないことも示す必要性がある。

4.6 教示（量・味わい方の提示方法）

分析型の官能評価では摂取量を教示することが多い。味わい方はパネルの自由に任せる場合と細かくコントロールする場合がある。分析型官能評価では、データのバラツキを小さくして再現性を高めるために、コントロールする場合が多い。具体的には、食品の咀嚼の方法や嚥下時間等の味わい方を提示する場合がある。例えば「舌と硬口蓋で潰す」か「臼歯で噛む」、咀嚼リズムを一定にしてかつ指定時間後に飲み込む等の教示をすることがある。

4.7 評価媒体（PC、タブレット、紙面）

従来、評価用紙は紙面が用いられてきた。最近はデジタルデータとして統計処理が行われるため、デジタルデータとして集計のしやすさからPCやタブレットが使われている。特に、タッチパネルを使用した方法が使われはじめている。近年では、試験担当者の支援とともに仕事の効率化を図るために、官能評価や消費者試験のデザイン、実施、解析に必要なすべてのツールをひとつにまとめた官能評価のパッケージソフトウェアもある。

4.8 食以外の分野での注意点

食品では「おいしさ（嗜好度）」という指標を、食品以外では「快適性」「ユーザビリティ」など総合的な商品性という指標を使うことが多い。例えば、衣服の「着心地」「風合い」、化粧品（クリーム）の「のび」「しっとり感」、自動車の「乗り心地」「重厚な高級感」等々が用いられる。

　特に、化粧品の官能評価は、最近では製品の品質保証という観点のほか
にも、心理面に及ぼす効果や商品の市場評価の把握、好ましいコンセプト
の模索、ユーザーニーズの把握などに活用されている。

【引用文献・参考文献】

1) ISO 8586: Sensory analysis — General guidelines for the selection, training and monitoring of selected assessors and expert sensory assessors (2012).

2) World Medical Association（日本医師会訳）：ヘルシンキ宣言「人間を対象とする医学研究の倫理的原則」(2013) http://dl.med.or.jp/dl-med/wma/helsinki2013j.pdf

3) 古川秀子：パネルの選定と管理・運営, 『おいしさを測る』, 幸書房, p5-18 (1994).

4) 大越ひろ, 神宮英夫：パネル, 『食の官能評価入門』, 光生館, p40-41 (2009).

5) 松本仲子：パネル, 『調理と食品の官能評価』, 建帛社, p108-120 (2012).

6) 今村美穂, 佐藤洋枝：醤油および醤油関連調味料を対象とした記述分析型パネルの選抜. 日本食品科学工学会誌 2008；55；468-480.

7) Ueda R., Araki T., Sagara Y., Ikeda G., Sano C.: Modified food kansei model to integrate differences in personal attributes between in-house expert sensory assessors and consumer panels. Food Science and Technology Research 2008; 14; 445-456.

8) ISO 11136: Sensory analysis — Methodology — General guidance for conducting hedonic tests with consumers in a controlled area (2014).

9) ISO 5492: Sensory analysis — Vocabulary (2008).

10) JIS Z 8144：官能評価分析－用語 (2004).

11) ISO 8589：Sensory analysis — General guidance for the design of test rooms (2007).

12) JIS Z 8723：表面色の視感比較方法 (2000).

13) JIS Z 9112：蛍光ランプ・LED の光源色及び演色性による区分 (2012).

14) JIS Z 9125：屋内作業場の照明基準 (2007).

15) JIS Z 9080：官能評価分析—方法 (2004).

16) 伏木亨：『食品と味』, 光琳, p145-146 (2003).

17) 日科技連官能検査委員会（編）：『新版官能検査ハンドブック』, 日科技連出版社, p659-661 (1985).

18) Cardello A.V., Maller O.: Acceptability of water, selected beverages and foods as a function of serving temperature. Journal of Food Science 1982; 47; 1549-1552.

19) 相島鐵郎：食品ラボ における官能評価, 日本食品科学工学会誌 2001；48, 311-320.

20) 内川惠二（編）：『味覚・嗅覚』, 朝倉書店, p182-183 (2009).

21) ISO 3591: Sensory analysis — Apparatus — Wine-tasting glass (1977).

22) Trout G. M. Sharp R. F.：The reliability of flavor judgment, with special reference to the oxidized flavor of Milk. New York Agr. Exp. Sta. Ithaca Memoir 1937, No204, p60.

23) 増山英太郎, 小林茂雄：『センソリー・エバリュエーション － 官能検査へのいざない -』, 垣内出版, p249-287 (1989)

24）ASTM：Lexicon for sensory evaluation: Aroma, flavor texture, and appearance, ed. By Civille G.V., Lyon B.G., Rutledge K. P., Butkiewicz, DS72（2011）．

25）IS0 11036: Sensory analysis -Methodology- Texture profile（1994）．

26）早川文代，井奥加奈，阿久澤さゆり，粛藤昌義，西成勝好，山野善正，神山かおる：日本語テクスチャー用語の収集．日本食品科学工学会誌 2005；52；337-346．

27）ISO 18794: Coffee- Sensory analysis — Vocabulary（2018）

28）ISO 6078: Black tea — Vocabulary（1982）

29）ビール酒造組合 国際技術委員会［分析委員会］（編）：『改訂第2版 BCOJ 官能評価法』，公益財団法人日本醸造協会，p100（2018）．

30）ISO11035: Sensory analysis -- Identification and selection of descriptors for establishing a sensory profile by a multidimensional approach（1994）．

31）井上裕光：官能評価分析のための程度量表現用語の定量的研究．日本官能評価学会誌 2002；6；20-27．

32）Yao E., Lim J., Tamaki K., Ishii R., Kim K., O'Mahony M.: Structured and unstructured 9-point hedonic scales: a cross cultural study with American, Japanese and Korean consumers. Journal of Sensory Studies 2003; 18; 115-139.

33）Schutz H. G., Cardello A. V.: A labeled affective magnitude（LAM）scale for assessing food liking/disliking. Journal of Sensory Studies 2001; 16; 117-159.

34）Hemn K. A., Jaeger S. R., Carr B. T., Delahunty C. M.: Comparison of five common acceptance and preference methods. Food Quality and preference 2008; 19; 651-661.

35）河合美佐子：官能評価による味覚測定．日本味と匂学会誌 2006，13，189-194．

第 4 章　基本的な統計手法

1．統計の基礎

1．1　統計処理の目的

　「統計」と聞くと、直ぐに推定や検定の難しい計算式を思い出す人が多いが、本来の統計処理の目的は、取得したデータを分かりやすい形に変換して、相手に正しく伝えることである。統計処理には、①データをまとめて分かりやすく示す手法と、②小さく調べて大きく結論を出す 2 通りの手法がある[1]。

（1）データをまとめて分かりやすく示す（記述統計）

　表 4-1 のように、取得したデータを単に並べただけでは、それらが意味するところを理解することは困難である。そこで、データを小単位にまとめた表、図（グラフ）、統計量（1.4 で紹介する）で示すことにより、取得したデータの全体像をより直感的に理解することができるようにする。

表 4-1　取得データ

評点（21名）

1	6	3
3	5	4
5	4	4
4	4	5
2	4	5
6	5	6
7	4	6

表 4-2　度数分布表

評点	度数
1点	1
2点	1
3点	2
4点	7
5点	5
6点	4
7点	1

表 4-3　男女別クロス集計表

評点	1点	2点	3点	4点	5点
男性	1	4	5	2	1
女性	1	1	3	5	3

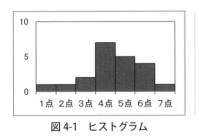

図4-1　ヒストグラム

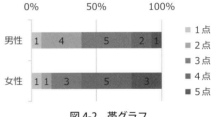

図4-2　帯グラフ

（2）小さく調べて大きく結論を出す（推測統計）

　日本人全員を対象にした商品を市場に出そうというとき、その商品が市場でどれくらい受け入れられるのかということが知りたくなる。その時、日本人全員の意見を聞くことができれば一番良いが、現実的には一部分の少人数による調査しか実施できない。このような場合、少数のデータ（標本・サンプル）から知りたい対象の全データ（母集団）について結論を出す、推定や検定と呼ばれる推測統計を用いることになる。官能評価によって得られるデータのほとんどが小規模データになるので、官能評価の実務者として推測統計の技術を持つことは不可欠な要素である。

1．2　尺度の種類

　官能評価やアンケートを行うことで得られるデータには、性別、年齢、順位付けした場合の順位、採点した場合の点数など、様々な形式（尺度）が存在する。この尺度の違いによって利用できる統計手法が変わるため、以下に記した尺度の種類の違いをしっかりと確認しておく必要がある。尺度には質的尺度と量的尺度があり、それぞれ質的尺度には名義尺度と順序尺度があり、量的尺度には間隔尺度と比率尺度がある。

　①名義尺度

　　名義尺度とは、性別、年齢、階級など、単に区別し分類するための「ものさし」である。官能評価においては、評価者の属性調査や形容詞選択を求める場合や、製品の合格不・合格の選別などに使われる。性別について男性を1、女性を2という符号をつけた場合でも、その数値

の大きさに順序はなく、数値の平均値を求めることもできない。この種の
データは、該当数や該当比率（％）について、棒グラフや円グラフなどで表される。

②順序尺度

　順序尺度とは、評価対象間の性質の違いとして順序性（大小関係）を持った「ものさし」である。大きさや好ましさを順に並べて「1 位、2 位、3 位」、「良い、中間、悪い」あるいは「上・中・下」などで示される。この尺度で得られた 1 位、2 位、3 位の数値を 1、2、3 の数値に置き換えて合計のように足したり（引いたり）することができる。ただし、数値が等間隔ではないため、平均値や標準偏差などはそのまま使えない。グラフは棒グラフがよく使われる。

③間隔尺度

　間隔尺度とは、順序に加えて評価対象間の性質の差の間隔にも意味がある「ものさし」である。得られた数値から平均値や標準偏差を求めることや分散分析に用いることは可能であるが、間隔尺度同士の比は使えない。例として 5 段階尺度の官能評価であれば、尺度の「1」、「2」、「3」、「4」、「5」の間にある全ての距離を等間隔に評価できる能力を持った評価者で行うことが必要である。

④比率尺度

　比率尺度とは、間隔尺度に加えて数値の0に意味があり、時間や距離など数値の比が使える「ものさし」である。官能評価において比率尺度を用いる方法に「マグニチュード推定法」がある。この評価を実施するには、感覚強度の 2 倍量、3 倍量を正確に測ることができるまでに訓練を積んだ評価者が必要になる。

1.3　官能評価データのグラフ

　1.1.（1）で述べたが、官能評価に限らず試験によって標本データを取得したら、すぐにグラフを描いて確認することが重要である。

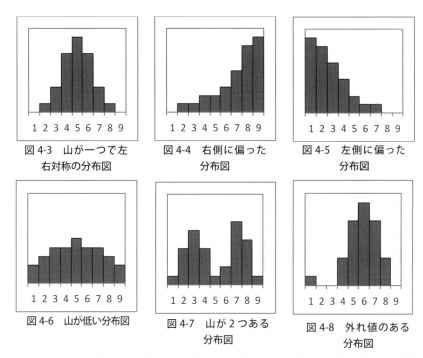

図 4-3　山が一つで左
　　　　右対称の分布図

図 4-4　右側に偏った
　　　　分布図

図 4-5　左側に偏った
　　　　分布図

図 4-6　山が低い分布図

図 4-7　山が 2 つある
　　　　分布図

図 4-8　外れ値のある
　　　　分布図

　上の図は採点法などで得られる様々な評点のヒストグラムの例である。（横軸は評点、縦軸はその評点の数）

　図 4-3 の分布図は、山が一つで左右対称の基本的な分布図である。この時、山の尖り度を表す尖度は0、偏り度を表す歪度も0になっている。官能評価では、この図の様な分布が得られることが理想である。一方、その他の分布であった場合は様々な検討が必要である。（尖度と歪度については、1.8 で紹介する）

　図 4-4,4-5 のように偏りがある場合、評価尺度を指数や対数に変換することで正規分布に近づけることができる場合がある。また、図 4-5（左側）では数値 1 以下のカテゴリーを用意し、図 4-4（右側）のように天井効果のある場合では、数値 10 以上のカテゴリーの尺度を事前に用意することで偏りを回避できる可能性がある。

　図4-6は、尖度がマイナスになる平らな形の分布図である。このように、山が平らでばらつきの多いグラフになった場合、そのばらつきの原因を探り、対策を打つ必要がある。例えば、「提供したサンプルのばらつきが大きかった」、「分析者による分析能力が不足していた」、「分析者による評価項目の解釈が人それぞれ違っていた」など。

　図4-7のように山が2つになるような場合、分析型の評価では尺度の捉え方が人によって違う可能性が考えられ、嗜好型の評価では評価者によって好みが分かれるなど、評価者の属性が2極化していた可能性が考えられる。

　図4-8のように集団と大きく離れたデータがある場合、そのまま扱うと平均値を大きく歪めることになってしまう。この場合、これを外れ値として解析から排除するか、あるいはデータを順位（順序尺度）に直してから統計処理を施すなどの対応が求められる。

　データをよく検討せずに、そのまま検定や推定などのデータ解析をすると、得られた結果の信頼度が低下し、間違った結論を導き出してしまう可能性がある。そうならないために、解析の前にグラフを作成して確認しておく必要がある。

１．４　データの代表を示す数値

　取得したデータから計算して得られるものを統計量と呼ぶ。統計量には、データの特徴を代表する数値である「平均値、中央値、最頻値」や、データのばらつきの大きさを示す数値がある。

（1）平均値（算術平均：average , mean）

　最も一般的に利用される代表的な統計量である。得られたすべての値を合計し、その合計をデータ数（n）で割った値である。これを算術平均と呼ぶ。図4-9のデータでは、平均値は4.0になる。

（2）中央値（median）

データを数値の大きい順に並べたとき、上から数えても下から数えても同じ数に位置する真ん中の数値。もし、データ数が偶数個の場合、真ん中に位置した2つの数値の平均値を求めた値になる。

また、図4-9のように中央値に同順位がある場合は以下のように求める。

中央値 ＝ （中央値に対応する測定値を含む階級の下限）＋階級の幅×（（データ数 ／ 2 － その下の階級までの累積度数）／ その階級の度数）＝ 2.5 ＋ 1 ×（（36 / 2 – 16）/ 5）= 2.9

（3）最頻値（mode）

ヒストグラムを作成した際、最もデータの度数が多い値（ヒストグラムの最も山の高い箇所）。図4-9のデータでは、最頻値は2になる。

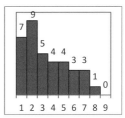

図4-9 ヒストグラム 横軸は評点、縦軸はデータの数（度数）

1.5 データのばらつきを示す数値

我々が実験で取得するデータには、ほとんど必ずと言っていいほど「ばらつき」がある。そこで、データの平均的なばらつきの大きさを求めたいのであるが、例1で示すように、各データから全体の平均値を引いた<u>偏差</u>を合計すると値が0になり、その平均値も0になってしまう。（図4-10）

例1

5人の評点データ：1, 2, 3, 4, 5

標本の大きさ（n）：5

平均値：3

平均値との差（<u>偏差</u>）：-2,-1, 0 , 1, 2

偏差の総和：0 ⇒ 平均しても0

0になることを回避する工夫として、平均値からの差の絶対値を求めてから平均を求める方法がある。例1のデータから計算すると、（2+1+0+1+2）

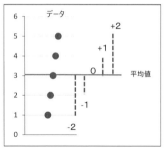
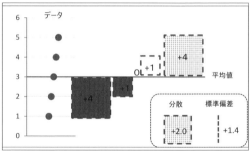

図4-10　各データの平均値との差
全て足すと0になってしまう

図4-11　各データの平均値との差の二乗（平方）。
その平均値が分散、その平方根が標準偏差

／ 5 ＝ 1.2 という値が得られる。しかし、統計学では、この絶対値をとる方法は使わず、平均値との差を二乗して全てを正の値にする計算方法を用いた。この方法では、平均値からのばらつきの大きさを距離ではなく、差を平方した面積によって示すことにしたのである。（図 4-11）

　　　例2

　　　　　5 人の評点データ：　1，2，3，4，5

　　　　　標本の大きさ（ n ）：　5

　　　　　平均値：　3.0

　　　　　平均値との差（偏差）：　−2,−1, 0 , 1, 2

　　　　　偏差の二乗（平方）　：　4, 1, 0, 1, 4

　　　　　偏差の二乗の総和（平方和）：　10.0

　　　　　偏差の二乗の平均値（平均平方）：　＝ 10.0 ／ 5 ＝ 2.0

　この偏差の二乗の平均値を「分散（Variance）」と呼ぶ。

　　分散の値は、その大きさの単位が面積のままなので分かりにくい。そこで、平方根を求めて距離に変換すると

　　√ 2 ≒ 1.4 となる。

　この距離に変換した値が、一般的にデータのばらつきの代表値として扱われる「標準偏差（Standard Deviation）」と呼ばれものである。

n 個の標本 $x_1, x_2, , , , x_n$ がある場合の、代表的な統計量の計算式を示す。

平均値: $\bar{x} = \dfrac{1}{n}(x_1 + x_2 + \cdots + x_n) = \dfrac{1}{n}\displaystyle\sum_{i=1}^{n} x_i$

平方和: $S = \displaystyle\sum_{i=1}^{n}(x_i - \bar{x}_n)^2 = \displaystyle\sum^{n} x_i^2 - n\bar{x}^2$

標本分散: $V = \dfrac{S}{n}$

標本標準偏差: $s = \sqrt{V}$

　母集団統計量の推定を 1.10 章で紹介するが、この 1.5 章で扱った標本の統計量と、1.10 章で紹介する母集団を推定した統計量を区別するために、この章で扱った標本から算出した平均、分散を、それぞれ<u>標本平均</u>（$\bar{X}_n$）、<u>標本分散</u>（V）と表し、1.10 章で紹介する母集団推定値は、<u>母平均</u>（μ）、<u>母分散</u>（σ^2）と表す。

　『 Excel の関数を使うと、以下の式で求めることができる。
　平均値は　＝　AVERAGE（データ配列）
　平方和（偏差平方和）は　＝　DEVSQ（データ配列）
　標本分散は　＝　VAR.P（データ配列）
　標本標準偏差は　＝　STDEV.P（データ配列）　』

1.6　標本と母集団

　我々が実施する試験は、一般に小規模のデータから大規模の母集団を推定するために行うことが多い。このように、試験によって得ることのできた小規模のデータのことを<u>標本（サンプル）</u>という。
　<u>母集団</u>とは、嗜好型の評価であれば日本人全員や東京の大学に通う大学

生全員などの特定の集団のことであり、分析型の評価であれば同じ分析能力を持つ評価者が同じ試験を無限回繰り返し実施したときの評価結果のことを指す。

　母集団から標本を選ぶことを標本抽出（サンプリング）と呼ぶ。このサンプリングを上手く行わないと、標本から母集団を推定する能力が落ちてしまう。味噌汁の例を示すと、味噌をきちんと溶かしていない味噌汁から味噌をほとんど含まない一部の液を取って味見をしても、よく混ぜて仕上げた味噌汁全体の味を感じることはできない。つまり、このような状態では小規模データをとっても母集団を推定できないのである。そこで、味噌汁全体を均一にした状態で味見をするように、偏りなくサンプリングを行うことが大切である。

　次に、サンプリングしたデータから母集団を推定するのであるが、どんなに上手くサンプリングしても、母集団の姿とぴったり一致するデータを得ることは難しい。そのため、繰り返しサンプリングすると、そのたびに少しずつ違った統計量（例えば平均値）が得られることになる。このように、母集団の統計量と標本の統計量には、ほとんど必ずと言っていいほど "ずれ" が生じる。（図 4-12）

　ここで、母集団の平均値を母平均と呼び、抽出した標本データの平均値を標本平均と呼ぶ。そして、標本は母集団の性質を受け継いでいるはずなので、母集団の特徴を推定するために、標本平均を母平均の代わりに用いる。

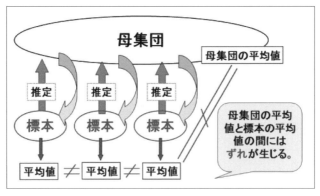

図 4-12　母集団と標本の平均値の関係

このように、標本統計量を使って、母集団統計量を推定することを「点推定」と呼ぶ。

1.7 よく利用される確率分布

サイコロを振った時の出た目の和などのような施行した結果の値である「確率変数」に、その値をとる確率を対応させた様子を「確率分布」と言う。この章では、官能評価の統計解析でよく用いられる確率分布を紹介する。

（1）二項分布

コインの裏か表が出る確率はそれぞれ 1/2 ずつである。このコインを 10 回放り投げて裏が 5 回出る確率は 0.25（25％）であり、1 回しか出ない確率は 0.01（1％）である。裏が 0 ～ 10 回出ることに対応する確率分布をグラフにすると、図 4-13 に示した確率 1/2 の二項分布になる。二項分布は 2 点比較試験、3 点比較試験などの母集団の確率分布として用いられる。

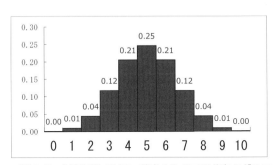

図 4-13　試行回数 10 回、確率 1/2 の二項分布のグラフ

（2）正規分布

統計解析において基本となる確率分布である。多くの統計処理は、データの誤差の母集団の分布が正規分布に従っていると仮定した上で行われる。その形は、山が 1 つあり、両側に等しく裾野が広がっている。正規分布に従うデータは、平均値と中央値と最頻値が全て分布の中央に位置する山の頂点で重なる。

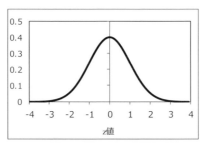

図 4-14　正規分布のグラフ

　標本データの母集団が正規分布に従うと仮定した際、正規分布の形は母平均（μ）、母分散（σ^2）の値で決まり、N（μ, σ^2）と表す。また、母平均が 0、母分散が 1 である正規分布 N（0, 1）を<u>標準正規分布</u>と呼ぶ。

（3）t 分布

　正規分布に従うデータの母集団の母平均と母分散が未知で、標本サイズが小さい場合に、母平均を推定する際に利用されるのが t 分布である。サンプルサイズ（自由度[*注]）で形が変わり、自由度が無限に大きいと正規分布と同じになり、自由度が小さいほど正規分布の山がつぶれた形をとる。

（*注）自由度（df）とは、母平均が未知の場合に、母平均の代わりに標本平均で置き換えて（点推定して）使うため、標本からの推定が過小評価しないようにする補正である。例えば、標本の大きさが n のデータから母集団を推定する場合、$n-1$ が自由度となる（標本数が 6 個の時、自由度は 6 - 1 = 5 ）。ただし、検定などで自由度を利用する場合、n -1 だけではなく n-2 以上になる場合もある。

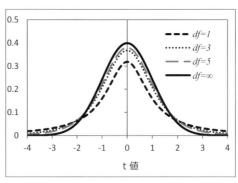

図 4-15　t 分布のグラフ

（4）カイ二乗分布（χ^2分布）

標準正規分布 N（0, 1）に従う互いに独立な n 個の確率変数 $Z1, Z2, \cdots,$ Zn を、それぞれ二乗した値の合計 W が従う確率分布のことを<u>カイ二乗分布</u>と呼ぶ。分布の形は t 分布と同様に自由度で変化する。カイ二乗分布は適合度の検定や独立性の検定（5章）を行う際に使われる。

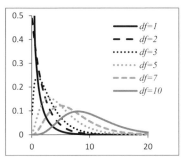

図 4-16 カイ二乗分布のグラフ

（5）F 分布

確率変数 U_1, U_2 が独立で、それぞれが自由度（df_1, df_2）のカイ二乗分布に従うとき、確率変数 $X=$（$U_1/\ df_1$）/（$U_2/\ df_2$）は自由度（df_1, df_2）の <u>F 分布</u>に従う。この F 分布の形は、2 つの変数が持つ 2 つの自由度によって決まる。F 分布は等分散性の検定や分散分析などに使われる。

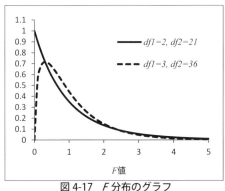

図 4-17 F 分布のグラフ

1.8　分布の尖度と歪度

　サンプルデータの分布が正規分布からどれだけ尖ったり歪んだりしているかを表す統計量として、尖度と歪度がある。いずれも、正規分布では値が 0 になる。

$$\frac{n\,(n+1)}{(n-1)(n-2)(n-3)} \sum_{i=1}^{n} \frac{(x_i - \overline{x_n})^4}{S^4} - \frac{3\,(n-1)^2}{(n-2)(n-3)}$$

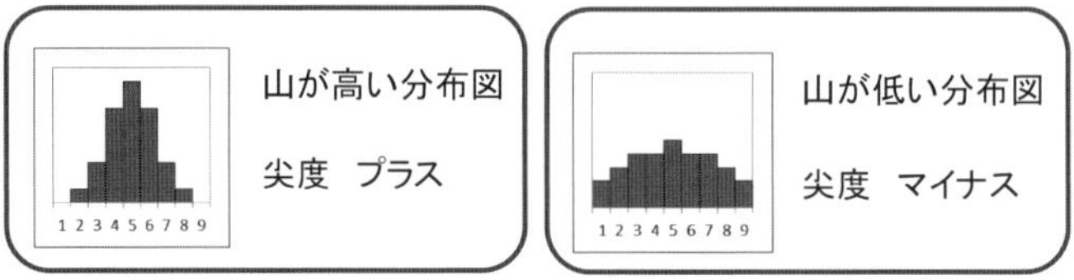

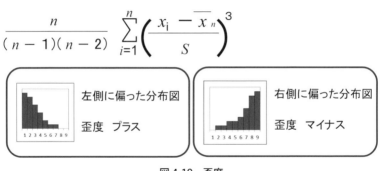

山が高い分布図
尖度　プラス

山が低い分布図
尖度　マイナス

図4-18　尖度

$$\frac{n}{(n-1)(n-2)} \sum_{i=1}^{n} \left(\frac{x_i - \overline{x_n}}{S} \right)^3$$

左側に偏った分布図
歪度　プラス

右側に偏った分布図
歪度　マイナス

図4-19　歪度

1.9　大数の法則と中心極限定理

　データの数を増やしていくと、それらのデータは大数の法則と中心極限定理という 2 つの法則に従う。これらの法則は、この後の章で推定や検定を行う際の前提となる重要な法則である。

（1）大数の法則

　ある母集団から無作為抽出された標本の平均値は、サンプルサイズを大きくすると母集団の真の平均値に近づく。

　例えば、複数回サイコロを転がした時に出た目の数値を平均すると、その

母平均値は 3.5 になるが、3 回ころがしただけの平均値は（3.5 の周辺に）大きくばらつき、3 未満や 4 以上になることが 5 割以上の確率で起こる。しかし、100 回、1000 回とその回数を増やすと、その平均値は限りなく母平均の 3.5 に近づき、3 未満や 4 以上になることはめったに起きなくなる。

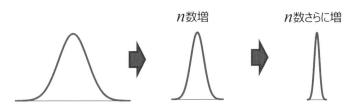

図4-20　平均値の分布の変化（標本数が増えると、平均値のばらつきが小さくなる。）

（2）中心極限定理

平均が μ で分散が σ^2 の母集団があるとする。その母集団からサンプルサイズ n のデータをとり、そのときの平均値を $\bar{x}$ とする。

同じ母集団から独立にサンプルサイズ n のデータを取り続けると、それらの平均値の分布は、母集団がどのような分布であっても、平均が μ で分散が σ^2/n の正規分布に近づく。

1.10　母集団統計量の推定

通常、我々が官能評価をする際、母集団の真の母平均値 μ や母分散 σ^2 は未知な状態であるので、試験で得たデータからこれらの平均と分散を推定する必要がある。ここで、推定や検定を行う際に仮定している、誤差の「①独立性、②不偏性、③等分散性、④正規性」について説明する。

①独立性：同じ試験を繰り返し行った際、それらの平均値と母平均との差（誤差）は互いに独立であること。

②不偏性：同じ試験を繰り返し行った際、それらの誤差は母平均を中心に両側に均等にばらついていること。

③等分散性：同じ試験を繰り返し行った際、それらの平均値の誤差のばら

つきが等しいこと。

④正規性：同じ試験を繰り返し行った際、それらの平均値の誤差が正規分布に従っていること。

（1）母平均推定値

母平均 μ の推定値には、得たデータの標本平均値をそのまま充てる。

$$\hat{\mu} = \overline{x}$$

（$\hat{\mu}$：　ハットを付けると母集団の推定値を意味する）

（2）母分散推定値（不偏分散）

母分散 σ^2 の推定値には、得たデータの平方和 S を自由度（n-1）で割った値を用いる。この値を不偏分散と呼ぶ。（一般に「分散」と呼ばれているものは、この不偏分散を意味していることが多い。）

$$\hat{\sigma}^2 = S/(n-1)$$

『Excel の関数では、＝　VAR.S（データ配列）で求められる。　』

（3）標準誤差（Standard　Error：*SE*）

図 4-10 で示したように、母集団から小さくサンプリングした標本の平均値から母集団平均値を推定する際、標本データから推定した母平均値と、真の母集団平均値との間にずれが生じる。このサンプリングを繰り返し行った時、それらの平均値のずれの分布が得られる。そのずれの平均的な値を示す統計量が標準誤差である。

その求め方は、不偏分散をサンプルの大きさ n で割り、平方根をとる。

$$SE = \sqrt{\frac{S/(n-1)}{n}}$$

『n を多くすると標準誤差は小さくなる。つまり、n を増やすと母集団平均値とのずれを小さく見積もることができる。【大数の法則】』

（4）信頼区間（CI）

母集団が正規分布していると仮定できれば、標本データから母平均が存在する範囲を推定することができる。95％の確率〔信頼度95％、または95％ CI（Confidence Interval）とも表す〕で、その範囲を推定する式は、

母平均推定値　±　〔分布の97.5％点〕×　標準誤差

サンプルサイズが十分大きい場合には、分布の97.5％点として標準正規分布の片側97.5％点に当たる数値として1.96を当てはめればよいが、一般には少ないサンプルで推定する場合が多いので、その場合は t 分布の97.5％点を当てはめることになる。t 分布は自由度で分布の形が変わるので、例えば n =10 の場合、自由度 9 の t 分布の97.5％点の数値は2.26になる。

『Excelの関数：片側97.5％　t 値＝ T.INV（0.975, 自由度）』

1.11　仮説検定

例えば、サンプル A と B を少人数で評価して、サンプル A の平均値がサンプル B の平均値より大きいという結果が得られたとする。この結果から、大人数の評価（母集団）でも同じになると結論付けたい場合に、仮説検定という帰納法を用いた手法が使われる。

（1）仮説検定の手順

1）有意であるか、有意でないかの境目である有意水準（α）を決める。

　一般に利用される有意水準5％とは、同じ母集団由来であれば起こり得る平均値のずれの範囲を、100回中95回は起こる範囲として定め、逆に100回中5回も起こらない「めったに起こらない」範囲を棄却域として確率5％未満に設定したことを意味している。

　ちなみに、有意水準5％、α＝0.05（α＝5％）、危険率5％、信頼度95％　は、いずれも同じ意味である。

２）帰無仮説と対立仮説を立てる。

　帰無仮説として、複数のサンプルはそれぞれ同じ母集団から抽出されたものである「差がない」と設定する。そして、その対立仮説として、複数のサンプルはそれぞれ違う母集団から抽出されたものである「差がある」と設定する。

　『帰無仮説とは、戻ってその仮説を成立させることができない「帰ってこない」仮説を意味する。統計学の仮説検定では、積極的に支持したい「差がある（母集団は違う）」を立証するために、その逆説の「同じ母集団由来である」という仮説を立て、それが成立しないことを示す方法をとっている。』

３）試験を設計し、データを取る。

　結果の精度を下げる可能性のある要因（バイアスなど）を可能な限り取り除いた試験を実施する。

４）標本データから検定に必要な統計量を算出する。

　少数サンプルの２つの平均値の差の検定であれば、標本データから平均値の差、それらの不偏分散、標準誤差などの統計量を求める。これらの値を使って母平均推定のずれの分布を求め、２つのサンプル間の平均値の差（ずれ）がその分布の中で、どれくらいの確率で起こるのかを調べる。その生じる確率を「有意確率（P 値）」と呼ぶ。

　また、母集団分布の中央部 95％の範囲とその外の棄却域との境目に当たる境界値を算出してから、棄却域に入っているかどうかを見極めることもできる。2.1 および 2.2 の章では、この棄却域を求める方法を紹介する。

５）有意差の有無を判定する。

　平均値などのサンプル間の差が、母平均値推定分布の 95％範囲の外

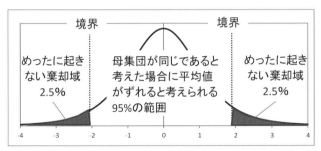

図 4-21　有意水準 5%としたとき、t 分布における母集団が同じであると考えた場合の 95%範囲と、めったにおきないと考えられる棄却域の境界

の棄却域に入っていた場合（有意水準を 5%と設定していたら、有意確率が 5%未満であった場合）は帰無仮説を棄却し、対立仮説の「比較したサンプルは違う母集団から得られたものである」、つまり「有意差あり」という結論になる。

　一方、帰無仮説を棄却できなかった場合は、「有意な差は認められなかった（有意差なし）」、あるいは「判定保留」とする。

　注意する点は、帰無仮説の「同じ母集団から抽出したデータである（差がない）」を正しいとして採択できないことである。仮説検定手法では、積極的に「差がない」を証明できない。

（2）片側検定と両側検定

検定では片側検定と両側検定のどちらを使用するかを設定する必要がある。

　ⅰ．両側検定とは、例えば A と B の 2 つのサンプルの平均値の違いを検定する際に、A>B であっても、A<B であっても有意差ありと結論付けられるとする場合に用いる。

　ⅱ．片側検定とは、試験の設計段階において、ⅰの例の A>B あるいは A<B のどちらか一方だけについて結論付けると予め決めてからデータをとる場合に用いる。正解が決まっている時の 2 点比較や 3 点比較試験等に用いられるが、理由もなく試験の後付けで片側検定を用いることはできない。

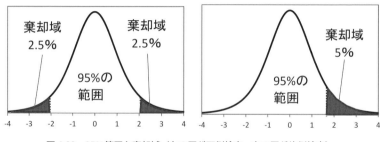

図 4-22　95%範囲と棄却域（左の図が両側検定、右の図が片側検定）

　2 点比較法などの使われる二項分布による検定の考え方は、帰無仮説として 2 点が選択される割合が同じである母集団を設定する。この母集団から仮に n =30 でサンプリングすると、2 点が確率分布の中心に当たる「15 対 15」を中心に両側の「10 対 20」～「20 対 10」の間のカテゴリーに入る確率が約 95%になる。それより端に偏る時（9 対 21 あるいは 21 対 9 より端の方）の確率は全て合わせても 5%未満なので、その領域をめったに起きない棄却域として設定している。

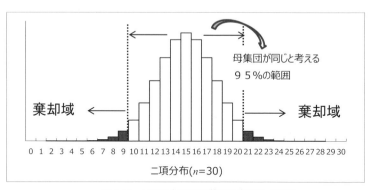

図 4-23　二項分布の 95%範囲と棄却域（両側）

（3）第一種の誤り（α）と第二種の誤り（β）

　1.11(1) で設定した有意水準とは、比較した複数サンプルが本当は同じ母集団のデータであったのに「有意差あり」と結論付けてしまう誤りを 5%未満（20 回に 1 回未満）になるように設定したものである。この誤りを<u>第一種の誤り（α）</u>と呼ぶ。これに対し、本当は違う母集団であったのに「有意差なし」と結論

表 4-4 統計的仮説検定で起きる 2 つの誤り

		真実	
		帰無仮説が正しい	帰無仮説は間違い
結論	帰無仮説を棄却しない（有意差なし）	正しい判断 $(1-\alpha)$	第二種の誤り (β)
	帰無仮説を棄却（有意差あり）	第一種の誤り (α)	正しい判断 $(1-\beta)$

付けてしまう誤りも生じる。この誤りを<u>第二種の誤り（β）</u>と呼ぶ。

　また、この時に算出される「$1-\alpha$」を<u>信頼度</u>、「$1-\beta$」を<u>検出力（検定力）</u>と呼ぶ。

　α を小さくすると β が大きくなるので、「差がある」ということを厳しく結論付けようとすると、真実として差があるのに「有意差なし」と結論付ける誤りが増えることになる。α と β を同時に小さくするには、標本数（n）を増やすことが必要である。

2．基本的な統計手法

2.1　2つの母平均の差の検定（t 分布を用いた検定）

　本章では、官能評価の結果として量的なデータが得られた場合を想定し、少ない標本であり、かつ単純な数値を用いて検定の例を紹介する。母平均の差の検定では、対応のあるデータと対応のないデータというデータの形の違いで利用する検定方法が異なる。

1) 　<u>対応のないデータ</u>とは、2 つのサンプルデータの数が同数でなくてよい。官能評価では、1 人のパネリストが 1 つのサンプルだけを評価した場合などに得られるデータ配列のこと。

2) 　<u>対応のあるデータ</u>とは、2 つのサンプルのデータが同数ずつ揃い、ペアになっているデータの間にある差に注目したい場合に用いる。官能評価では、各パネリストが比較する全てのサンプルを評価した場合などに得られるデータ配列のこと。

表4-5　各サンプルに対する評点。対応のないデータ（左）と、対応のあるデータ（右）

パネリスト	サンプルA	パネリスト	サンプルB
田中	3	加藤	2
佐藤	4	木下	3
鈴木	4	阿部	3
山田	4	木村	3
高橋	4	山中	4
竹田	5		

パネリスト	サンプルA	サンプルB
田中	4	2
佐藤	3	3
鈴木	4	3
山田	4	3
高橋	5	4

（1）t分布を用いた対応のない検定（Student's t-test）（俗にいう t 検定）

　対応のない2つのサンプル（A，B）のデータの母平均値に有意な差があるかどうかについて t 分布を用いて検定する。

　例：2つのサンプルを11名で官能評価して得られた評点
　サンプル A のデータ：　3, 4, 4, 4, 4, 5
　サンプル B のデータ：　2, 3, 3, 3, 4

表4-6　2つの対応のないデータの統計量

	データ数	平均値	平方和	不偏分散
サンプルA	6	4	2	0.4
サンプルB	5	3	2	0.5

合わせた分散 $\hat{\sigma}^2 = (2.0 + 2.0) / (6 + 5 - 2) = 0.44$

【平方和】【自由度（$n_a + n_b - 2$）】

　ここで、平均値の差が標準誤差の何倍に当たるかを示す統計量 t_0 値を計算する。

統計量 t_0 値

$$t_0 = \frac{|\overline{x_a} - \overline{x_b}|}{\sqrt{\left(\frac{1}{n_a} + \frac{1}{n_b}\right) \times \hat{\sigma}^2}}$$

$$\frac{平均値の差}{標準誤差}$$

$= (4.0 - 3.0) / \sqrt{([1/6 + 1/5] \times 0.44)} = 2.48$

　自由度 9 の 97.5％境界（両側で 95％になる境界）の t 値は 2.26 であるので、

　　　境界 t 値　2.26　＜　　統計量 t_0 値　2.48

　算出した統計量 t_0 値が 95％範囲の t 値より大きい（棄却域に入っている）ので「有意水準 5％で有意差あり」と結論付ける。

　ちなみに、この時に算出される有意確率（P 値）は 3.5％である。この有意確率が 5％未満になると「有意差あり」となる。

　『Excel の関数を使うと、以下のように求めることができる。

　両側 95％の境界値は〔t 値＝ T.INV.2T（0.05, 自由度）〕、

　有意確率は〔P 値 ＝ T.TEST（サンプル A のデータ , サンプル B のデータ , 2〔両側検定〕, 2〔等分散の 2 標本〕）〕』

（2）ウェルチの検定（Welch's t-test）

　対応のないデータで、母集団の分散が等しいと仮定しない場合に用いる。ウェルチの検定に同標本数で等分散のデータを当てはめると、2.1（1）で紹介した対応のない検定と同じ統計量が算出される。

統計量 t_0 値

$$t_0 = \frac{\left| \overline{x_a} - \overline{x_b} \right|}{\sqrt{\dfrac{\hat{\sigma}_a^2}{n_a} + \dfrac{\hat{\sigma}_b^2}{n_b}}}$$

$\hat{\sigma}_a^2$ ＝（a 母分散の推定値）
$\hat{\sigma}_b^2$ ＝（b 母分散の推定値）

　自由度の近似値は複雑な式なのでここでは紹介を省く。

　『Excel の関数を使うと、有意確率は〔P 値 ＝ T.TEST（サンプル A のデータ , サンプル B のデータ , 2〔両側検定〕, 3〔非等分散の 2 標本〕）で求めることができる。〕

（3）t 分布を用いた対応のある検定（ Paired t-test ）

　対応のある 2 つのサンプル（A, B）のデータの母平均値に有意な差があるかどうかについて　t 分布を用いて検定する。この時、ペアのデータの差を求めて、その差が平均 0 を中心とした母集団の推定分布の 95 ％範囲の外側の棄却域に入るかどうかを調べる。

　例：2 つのサンプルを 5 人で官能評価して得られた評点
　サンプル A のデータ：　4, 3, 4, 4, 5
　サンプル B のデータ：　2, 3, 3, 3, 4
　データの差：　　　　　　2, 0, 1, 1, 1

表 4-7　2 つの対応のあるデータの統計量

	n数	平均値	平方和	不偏分散
データの差(d)	5	1	2	0.5

統計量 t_0 値　$$t_0 = \frac{|\bar{x}_a - \bar{x}_b|}{\sqrt{\hat{\sigma}^2 / n}}$$

$$\boxed{\frac{平均値の差}{標準誤差}}$$

$$= (4.0 - 3.0) / \sqrt{} \ (0.50 \ / \ 5) = 3.16$$

　自由度 4 の 97.5 ％境界の t 値　= 2.78　<　3.16　統計量の t_0 値

　算出した統計量 t_0 値が 95 ％範囲の t 値より大きい（棄却域に入っている）ので「有意水準 5 ％で有意差あり」と結論付ける。

　『Excel の関数を使うと、有意確率は〔 P 値 ＝ T.TEST（サンプル A のデータ, サンプル B のデータ,2〔両側検定〕,1〔対の〕）〕で求めることができる。』

（4）等分散性の検定（分散比の検定）

　2 つのサンプルのデータが等分散であるかどうかについて、2 つの母分散の比が従う F 分布を用いて検定する方法を紹介する。

　この場合も有意水準を決め、帰無仮説を「母分散は等しい（分散比は 1）」、対立仮説を「母分散は等しくない」と設定して片側検定を行う。そして、同じ母集団からはめったに得られないほど大きく分散の大きさが違っていた場合、「母集団の分散は等しくない」と結論付ける。

$$\text{統計量　} F_0 \text{値　} = \frac{\hat{\sigma}_a^2}{\hat{\sigma}_b^2}$$

| 帰無仮説 | $\hat{\sigma}_a^2 = \hat{\sigma}_b^2$ |
| 対立仮説 | $\hat{\sigma}_a^2 > \hat{\sigma}_b^2$ |

　『Excel の関数を使うと、有意確率は〔P 値 ＝ F.TEST（サンプル A のデータ, サンプル B のデータ）〕で得られた数値を1/2にして算出する。（この関数で得られる P 値は両側検定の値なので、片側の場合はその数値を 2 で割った値を用いる。）

　また、片側 95％境界値は〔F 値＝ F.INV.RT（0.05, 自由度 a, 自由度 b）〕で求めることができる。

2.2　3つ以上の母平均の差の検定

　本章でも、官能評価を用いて量的なデータが得られた場合を想定し、少ない標本であり、かつ単純な数値を用いて検定の例を紹介する。

　3つ以上の母平均の差の検定を行う方法には、大きく2つの方法がある。1つは3つ以上のサンプルの平均値の違いについて、全てが同じ母集団から得たデータである（全ての母平均値は等しい）という帰無仮説のもとに全体で有意差の検定を行う分散分析と、2つずつの組み合わせで複数回検定を繰り返す多重比較検定がある。

　分散分析（Analysis of Variance【ANOVA】）では、2つの平均値の差の検定と同様に、差を平方して自由度で割った「分散」を使って計算していく。そして、調べたい平均値の差の分散を「効果」、それ以外のばらつ

きの分散を「誤差」として算出し、それらの分散の比について F 分布を用いて検定を行う。対応のないデータであれば<u>一元配置の分散分析</u>、対応のあるデータであれば<u>二元配置分散分析（繰り返しなし）</u>、対応のあるデータで評価が繰り返し行われた場合は<u>繰り返しのある二元配置分散分析</u>を用いる。

『分散分析は2つのサンプルでも利用可能。その場合は t 分布を用いた検定と同じ結果になる。』

（1）　一元配置分散分析（one-way ANOVA）

【手順】　得られたデータから、次の値を算出する。

①全てのデータの平均値

②各サンプルの平均値と①の全体の平均値との差（効果）

③各サンプルの平均値と各データの差（誤差）

効果や誤差の大きさを「分散」で算出し、効果／誤差の比を求め、誤差から推定した母集団分布に対し、同じ母集団から抽出したとは考えられないくらいに（めったに起きないくらいに）サンプル間の効果（平均値の差）が大きい時に「有意な差があった」と結論付ける。

例：3サンプルを12人で官能評価した場合（対応のないデータ）

表4-8　3サンプルを12人で官能評価した場合のデータ

	サンプルA	サンプルB	サンプルC	平均値
評点	5	4	3	
	4	2	1	
	4	4	2	
	3	2	2	
平均値	4.0	3.0	2.0	3.0

表4-9　一元配置分散分析表による結果のまとめ

	平方和	自由度	平均平方（分散）	F比	境界値	P値
サンプル間の効果	8.00	2	4.00	4.50	4.26	0.044
残りの誤差	8.00	9	0.89			
全体	16.00	11				

＜分散分析表の計算方法＞

1）全 12 個のデータの平均値を求める（例では 3.0 ）。

2）各サンプルの平均値を求める（例では A が 4.0、B が 3.0、C が 2.0 ）。

3）各サンプルの平均値から全体の平均値を引き、それらを二乗する。

4）評価回数がそれぞれ 4 回ずつなので、3）で求めた値をそれぞれ 4 倍して、それらをすべて合計すると値が 8.00 になる【サンプル間の効果の平方和】。

5）各サンプルの平均値と各データの差を求め、それらを全て二乗してから合計すると値が 8.00 になる【残りの誤差の平方和】。

6）自由度を求める。

効果の自由度は　3 サンプル － 1 ＝ 2

誤差の自由度は　全 12 データ － 効果の自由度 2 － 1 ＝ 9

よって、母集団の分布は自由度（2,9）の F 分布に従う。

7）平方和を自由度で割って平均平方（分散）を求める。

効果の分散は　8.00 ／ 2 ＝ 4.00

誤差の分散は　8.00 ／ 9 ＝ 0.89

8）効果の分散を誤差の分散で割った F 比を求める。

F 比 ＝ 4.00 ／ 0.89 ＝ 4.50

9）自由度（2,9）の F 分布における 95％ の境界値を求める。

95％境界の F 値 ＝ 4.26

10）F 比の値と効果の自由度と誤差の自由度から、推定母集団の F 分布において（めったにおこらない）棄却域に入るかどうかどうかを確認する。有意水準 5％ の場合、算出した有意確率が 5％ 未満になると「同じ母集団であった」という帰無仮説が棄却されて「有意差あり」となる。

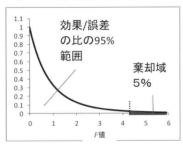

図 4-24　自由度 2,9 の F 分布および 95％範囲と 5％の棄却域

　『Excel の関数を使うと、有意確率は〔 P 値 ＝ F.DIST.RT（F 比 , 効果の自由度 , 誤差の自由度）〕で求めることができる。また、棄却域も〔 95%の境界の F 値 ＝ F.INV.RT（0.05, 効果の自由度 , 誤差の自由度）〕で求めることができる。』

　例の場合、有意確率を計算すると P 値が 0.044 になり、「サンプル間の平均値に有意差あり」という結論になる。

（2）二元配置分散分析（繰り返しなし）(two-way ANOVA)

【手順】　得られたデータから、次の値を算出する。

　　①全てのデータの平均値

　　②各サンプルの平均値と①の全体の平均値との差（効果）

　　③各評価者の平均値と①の全体の平均値との差（効果）

　　④各サンプルの平均値と各評価者の平均値を合わせた値と各データの
　　　差（誤差）

例：3 サンプルを 4 人で官能評価した場合（対応のあるデータ）

表4-10　3 サンプルを 4 人で全て官能評価した場合のデータ

評価者	サンプルA	サンプルB	サンプルC	平均値
田中	5	4	3	4.0
佐藤	4	2	1	2.3
鈴木	4	4	2	3.3
山田	3	2	2	2.3
平均値	4.0	3.0	2.0	3.0

表4-11　二元配置分散分析表による結果のまとめ

	平方和	自由度	平均平方（分散）	F比	境界値	P値
サンプル間の効果	8.0	2	4.00	12.00	5.14	0.008
評価者間の効果	6.0	3	2.00	6.00	4.76	0.031
残りの誤差	2.0	6	0.33			
全体	16.0	11				

＜分散分析表の計算方法＞

1）全 12 個のデータの平均値を求める（例では 3.0 ）。

2）各サンプルの平均値を求める（例では A が 4.0、B が 3.0、C が 2.0）。

3）各サンプルの平均値から全体の平均値を引き、それらを二乗する。

4）評価回数がそれぞれ 4 回ずつなので、3）で求めた値をそれぞれ 4 倍して、それらをすべて合計すると値が 8.0 になる【サンプル間の効果の平方和】。

5）各評価者の平均値から全体の平均値を引き、それらを二乗する。

6）評価サンプルがそれぞれ 3 個ずつなので、5）で求めた値をそれぞれ 3 倍して、それらをすべて合計すると値が 6.0 になる【評価者間の効果の平方和】。

7）誤差は、〔《各評価データ》＋《全体の平均値》－《サンプルの平均値》－《評価者の平均値》〕の全てを二乗してから合計すると値が 2.0 になる【残りの誤差の平方和】。

8）自由度を求める。

効果の自由度は　3 サンプル － 1 ＝ 2

評価者間の効果の自由度は　4 人 － 1 ＝ 3

誤差の自由度は　全 12 データ － サンプル間の効果の自由度 2 － 評価者間の効果の自由度 3 － 1 ＝ 6

9）平方和を自由度で割って平均平方（分散）を求める。

サンプル間の効果の分散は　8.0 ／ 2 ＝ 4.00

評価者間の効果の分散は　6.0 ／ 3 ＝ 2.00

残りの誤差の分散は　2.0 ／ 6 ＝ 0.33

10）効果の分散を誤差の分散で割ったF比を求める。

サンプル間 F 比 ＝ 4.0 ／ 0.33 ＝ 12.00

評価者間 F 比 ＝ 2.00 ／ 0.33 ＝ 6.00

11）それぞれ、F 分布における 95％の境界値を求める。

自由度（2,6）,（3,6）の 95％境界の F 値 ＝ 5.14 , 4.76

12）分散分析の結果、有意水準 5％で「サンプル間の平均値に有意差あり。評価者間に有意差あり。」となる。

『分散分析の結果、評価者間に有意な差がある場合、評価者によってサンプルにつけた評点の平均値が異なることを意味している。その場合は、何故そうなったのかを調べる必要がある。』

（3）繰り返しのある二元配置分散分析

（two-way ANOVA with replication）

【手順】 得られたデータから、次の値を算出する。

　　①全てのデータの平均値

　　②各サンプルの平均値と①の全体の平均値との差（効果）

　　③各評価者の平均値と①の全体の平均値との差（効果）

　　④交互作用（効果）

　　⑤残りの誤差

例：3 サンプルを 4 人で 2 回ずつ官能評価した場合（繰り返しがあり、対応のあるデータ）

表 4-12　3 サンプルを 4 人で全て官能評価した場合のデータ

評価者	サンプル A	サンプル B	サンプル C	平均値
田中	5	1	1	2.5
田中	4	3	1	
佐藤	3	3	1	2.5
佐藤	4	1	3	
鈴木	5	5	4	4.0
鈴木	5	3	2	
山田	5	2	2	3.0
山田	5	2	2	
平均値	4.5	2.5	2.0	3.0

表 4-13　二元配置分散分析表による結果のまとめ

	平方和	自由度	平均平方（分散）	F 比	境界値	P 値
サンプル間の効果	28.0	2	14.0	15.27	3.89	0.001
評価者間の効果	9.0	3	3.0	3.27	3.49	0.059
交互作用の効果	4.0	6	0.67	0.73	3	0.637
残りの誤差	11.0	12	0.92			
全体	52.0	23				

＜分散分析表の計算方法＞

計算方法は、二元配置分散分析方法に<u>交互作用</u>の効果を加えたもの。

1）交互作用の効果は、《1人が1つのサンプルを2回評価した平均値》
　＋《全体の平均値》－《サンプルの平均値》－《評価者の平均値》
　を求め、その二乗の和の2倍（2回繰り返し）で 4.0 になる。

2）誤差は、各評価データとその2回の繰り返しデータの平均値との偏差
　の全てを二乗してから合計すると値が 11.0 になる。

3）自由度
　交互作用の自由度は、〔サンプル数－1〕×〔評価者数－1〕＝ 6
　誤差の自由度は、全24データ － サンプル間の効果の自由度2 －
　評価者間の効果の自由度3 － 交互作用の自由度6 － 1 ＝ 12

4）分散分析の結果、有意水準5%で「サンプル間の平均値に有意差あり、
　評価者間に有意差なし、交互作用に有意差なし」となる。

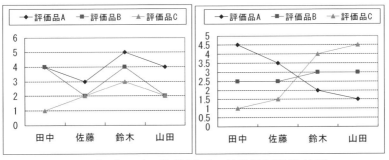

図 4-25　交互作用のない例（左図）と、交互作用のある例（右図）

『交互作用が有意差ありとなった場合、各サンプルの評価が評価者によって異
なっていることを示す。その場合、何故そうなったのかを調べる必要がある。』

（4）<u>多重比較検定</u>

分散分析で有意になっても、結論としては「全ての母平均値が同じとは言
えない」ことを示したにすぎず、どのサンプルとどのサンプルの間に有意な
差があったのかを示すことはできない。

　そこで、全てのサンプル対に t 検定を繰り返し行いたくなるが、それを単純に利用することはできないのである。以下、その理由と、対処する方法について述べる。

（5）検定の多重性

　仮にサンプル A,B,C の 3 つの平均値が得られたとする。それら全ての対間で平均値の比較を行うと、A-B,B-C,C-A の全部で 3 回の検定を行うことになる。有意水準 5 ％で検定した場合、1 回あたりの信頼度は 95 ％になるが、それを繰り返すと、棄却された部分をまとめた確率は $1 - 0.95^3 = 0.142$ （14.2 ％、信頼度 85.8 ％）となり、設定した 5 ％（信頼度 95 ％）に収まらなくなってしまう。このように、比較するサンプルの数（検定する対の数）が増えれば増えるほど、第一種の誤りを 5 ％以下にするという設定から大きくずれていく。

　この問題を解決するために、検定 1 対当たりの有意水準を調整するという特別な方法が必要になる。

（6）　有意水準の調整

1 ）ボンフェローニの方法（Bonferroni　test）

　同時に 3 つ以上の検定を実施する際に、1 対当たりの有意水準を検定する数で割ることで、全体の信頼度を 95 ％に保つ方法。

　例えば、3 サンプルで全サンプル間の 3 対の検定を同時に行う場合、1 対当たりの有意水準の 5 ％を 3 で割った 1.67 ％を 1 対当たりの新たな有意水準とする。こうすることで、全体として有意水準 5 ％（信頼度 95 ％）を保つことができるのである。

$$1 - (1 - 0.0167)^3 = 0.050$$

　そして、個々の対の平均値の差の検定の結果、有意確率が 1.67 ％ 未満の時に「5 ％の有意水準で有意差あり。」という結論を下す。

　もし、4 サンプルの全て対の検定（組み合わせは 6 通り）を行うのであ

れば、5%を6で割った　0.83%を1対当たりの新たな有意水準とする。

　ボンフェローニの方法は量的尺度のデータだけでなく、質的尺度のデータの検定にも利用できる。

2）ボンフェローニ以外の多重比較法

　ボンフェローニは比較したいサンプル対が多くなると、1回あたりの有意水準が小さくなりすぎて、2品で比較すると実際は意味のある違いを「有意差なし」と結論付けてしまう可能性が高くなるという欠点がある。そこで、次にボンフェローニのように厳しくならない多重比較方法のうち、よく利用されている方法を紹介する。

　①テューキーの方法（Tukey-Kramer の HSD 検定）

　　全てのサンプル間の対比較を同時に行う方法。検定で比較したい2つのサンプルのデータから求める標準誤差ではなく、全てのサンプルのデータから1つの誤差（誤差分散）を求めて、その誤差分散とサンプル間の平均値の差を用いて検定を行う。

　②ダネットの方法（Dunnett's test）

　　複数サンプルのうち、基準（対照）となるものが1つあり、その基準サンプルと他のサンプルの間だけで検定を行う場合に利用する。

　　例えば4サンプルの場合、その内の1つを対照にして、他の3つとの間で3回検定を行うことで、1対当たりの有意水準の調整を緩める方法である。この場合もテューキーの方法と同様に、全てのサンプルのデータから1つの誤差分散を求めて、その誤差分散とサンプル間の平均値の差を用いて検定を行う。

3）多重比較法を用いる場合の注意点

・ここまでに紹介した多重比較検定法は、先に分散分析で有意差を出してから行う必要はない。それぞれ独立の検定方法であるので、各サンプル対の有意差検定が重要である場合は、分散分析は必須ではない。

・多重比較検定は、第一種の誤りを全体として小さくする方法であるので、

必然的に第二種の誤りが大きくなる。よって、実際には見逃せない有効な差があるのに「有意差がない」という結論を導いてしまう危険性が大きくなるので注意が必要である。

2．3　相関係数 (r)

　相関係数とは、2つの変量間の関係を1本の直線で表現しようとするものである。考案者の名前を取って、ピアソンの相関係数と呼ぶ。統計量としてはアルファベットの小文字のrを使う。相関係数は様々な多変量解析法に用いられる。

（1）相関係数の性質

　①－1から＋1までの間の値となる。

　②値はプラスが正の相関、マイナスが負の相関、ゼロが相関無し（無相関）を示す。

　③プラスマイナス以外の係数の大きさの評価は分野によって変わる。

　④直線の関係性しか示されない。

（2）相関係数の散布図

　相関係数とその散布図の例を示す。

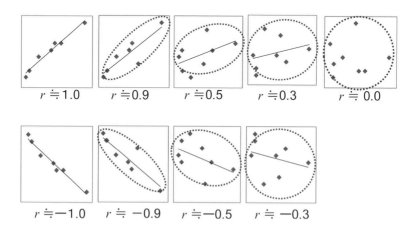

図4-26　相関係数とその散布図の例

（3）相関係数の計算方法（ピアソンの積率相関係数）

相関係数の計算の流れを、ある物理量の違うサンプルに点数を付けて評価した例で説明する。

① 2変量それぞれのデータの平均値と標本標準偏差を算出する。

②各データから平均値を引いた値（偏差）を算出する。この値を<u>中心化データ</u>と呼ぶ。このデータは二変量それぞれの平均値を0とした値になっている。この時、対応する2つの中心化データをかけ合わせた値の平均値を<u>共分散</u>と呼ぶ。

③さらに、その中心化データを、それぞれの標本標準偏差で割った値を算出する。この値を<u>基準化（標準化）データ</u>と呼ぶ。このデータは二変量それぞれの平均値が0になり、標本標準偏差の値は1になっている。そして、それらの対応する2つの基準化データをかけ合わせた値の平均値が相関係数である。

サンプル	生データ 物理量	評点		中心化データ 物理量	評点	積 物理量×評点
1	52.4	3		3.3	-1.3	-4.1
2	54.9	8		5.8	3.8	21.7
3	33.5	4		-15.6	-0.3	3.9
4	36.0	5	平均値を引く	-13.1	0.8	-9.8
5	42.9	1		-6.2	-3.3	20.2
6	36.2	2		-12.9	-2.3	29.1
7	59.7	5		10.6	0.8	7.9
8	77.3	6		28.2	1.8	49.3
平均	49.1	4.3		0.0	0.0	14.8 共分散
標本標準偏差	14.0	2.1		14.0	2.1	

	基準化データ 物理量	評点	積 物理量×評点
	0.23	-0.59	-0.14
	0.41	1.78	0.73
	-1.11	-0.12	0.13
	-0.94	0.36	-0.33
標準偏差で割る	-0.44	-1.54	0.68
	-0.92	-1.07	0.98
	0.76	0.36	0.27
	2.01	0.83	1.67
平均	0.00	0.00	0.50 相関係数
標本標準偏差	1.00	1.00	

図 4-27　相関係数の計算の流れ

計算式

$$r = \frac{\dfrac{1}{n}\displaystyle\sum_{i=1}^{n}(x_i - \overline{x_n})(y_i - \overline{y_n})}{\sqrt{\dfrac{1}{n}\displaystyle\sum_{i=1}^{n}(x_i - \overline{x_n})^2}\sqrt{\dfrac{1}{n}\displaystyle\sum_{i=1}^{n}(y_i - \overline{y_n})^2}}$$

『相関係数は Excel の関数で求めることができる。

［ ＝ CORREL（データ配列 1, データ配列 2）］　』

(4) 相関係数の注意点

　相関係数の数値だけで結論を導くのは大変危険である。必ず散布図を作成して二変量の関係性を確認し、その二変量の間に存在する科学的な知見を吟味することが大切である。以下に注意しなければならないいくつかの事項を紹介する。

　①相関係数は直線性しか表せない

　　相関係数は直線の関係性しか示さないので、以下の図の馬蹄形のように曲線的な関係性は無相関となって見落としてしまう。

$r = 0.0$

図 4-28　関係性はあるのに無相関になる散布図の例

　②外れ値の影響を受けやすい

　　大きく外れた値は、相関係数に大きな影響を与える。

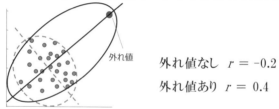

外れ値なし　$r = -0.2$

外れ値あり　$r = 0.4$

図 4-29　外れ値の影響を大きく受ける散布図の例

③複数の母集団の混在によって真実を見落とす可能性がある

　下の図の左側のように、一見すると正の相関があるデータを、右側のように女性と男性などに層別して見ると、2つの負の相関が浮かび上がることがある。このように、複数の母集団が混在している場合、真実とは違う結論を導き出しかねない。

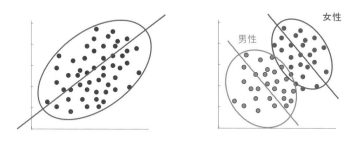

図 4-30　複数の母集団の混在（左）、男女の層別（右）の散布図の例

④偽相関（疑似相関）である可能性がある

　日本において、血圧の高さと給料の高さには正の相関がある。同時に、食塩が多く脂っこい食事をとり続けると血圧が高くなるという事実がある。これらのことから、高食塩で高脂肪の食事を多くすれば給料が上がると信じて食事を変えても、そのことが原因で給料が上がる人はいないであろう。これは「年齢」という隠れた変数によって生じた「偽相関」というものである。実際には、年齢が高くなると血圧が高くなり、年齢が高くなると給料が高くなる、という2つの相関関係が成り立っているのである。

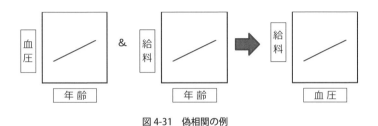

図 4-31　偽相関の例

⑤「相関関係」と「因果関係」は同一ではない

　相関関係は二変量の双方向に及ぶが、因果関係は「原因→結果」の一方向である。いろいろな場面で相関関係は認められるが、その全てにおいて因果関係があるとは限らない。

⑥相関係数の有意差検定結果に注意

　相関係数の有意差検定をする場合、帰無仮説を「無相関である」と設定しているため、n 数が多いと、相関係数が非常に小さくても「有意差がある」という検定結果になることがある。検定の結果が有意であっても、二変量の関係性が強いという証明にはならない。

（5）r^2（寄与率）

　相関係数 r を二乗した値を寄与率（r^2、説明率）と呼ぶ。例えば、相関係数が 0.9 の場合、r^2 は約 0.8 となる。〔$1 - r^2$〕は直線で説明できない割合を示すので、r^2 が 0.8 の場合は描いた直線で 80% が説明でき、残りの 20% はこの直線では説明ができなかったことを示す。

【おわりに】

　4章の初めに記したが、データを取ったら先ずはグラフを描いて欲しい。一変量ならヒストグラム、二変量なら散布図、多変量でも複数の二変量散布図を描き、分布の状態を確認した上で適切な検定や多変量解析のステップに進むことが大切である。

【引用文献】
1）井上裕光：『官能評価の理論と方法 現場で使う官能評価分析』，日科技連（2012）

第5章 官能評価手法

1. 識別試験法 (difference test)

　試料を比較して、相違するものあるいは好ましいものを選ぶ方法であり、2つの試料に差があるかどうかを決定するために用いられる。

1．1　2点試験法 (paired comparison test)

　2点試験法は2種類の試料 A 、B を比較して特性の差を識別する方法で、2点識別法（paired difference test）と2点嗜好法（paired preference test）がある。2点識別法とは、ある刺激に客観的な順位のついた試料を判断させ、パネルに差の識別能力があるかを明らかにする方法である。「どちらが硬い」、「どちらが甘い」など刺激の量的な違いを判断させる。判断する刺激は1種類である。片側の二項検定により検定する。2点嗜好法は、2種類の試料を比較して「好ましい、好ましくない」あるいは「よい、わるい」を選択させる方法である。嗜好法は任意に選ばれたものであるため、客観的な順位は存在しない。両側の二項検定により検定する。

（1）　2点識別法

　2点識別法はあらかじめ客観的な順位がついている2種の試料間の違いをパネリストが識別できるかを検定する際に用いる。
　パネリストに識別能力がない場合、正答する確率 p と誤答する確率 q は

それぞれ 1/2 なので、検定は下記の<u>二項分布</u>の式（(1) 式）により行う[2]。この場合、帰無仮説 H_0 は、「パネリストは2種の試料間の識別ができない（$p=q=1/2$）」になる。

$$\sum_{x=k}^{n} P(x) = \sum_{x=k}^{n} {}_nC_x \left(\frac{1}{2}\right)^n \qquad \cdots\cdots\cdots\cdots\cdots\cdots\cdots(1)$$

なお、(1) 式の n は試行数（あるいはパネル数）、k は正答数である。

1）2点識別法の実施例 (1)

　例えば、塩分濃度の異なる試料 A（0.8％）と B（0.6％）があり、10 人のパネルに提示した。正解したパネルは7名だった。この場合、7回以上正解する確率は (1) 式より、

$$\sum_{x=7}^{10} P(x) = \sum_{x=7}^{10} {}_{10}C_x \left(\frac{1}{2}\right)^{10}$$

$$= {}_{10}C_7 \left(\frac{1}{2}\right)^{10} + {}_{10}C_8 \left(\frac{1}{2}\right)^{10} + {}_{10}C_9 \left(\frac{1}{2}\right)^{10} + {}_{10}C_{10} \left(\frac{1}{2}\right)^{10} = 0.172$$

$$\cdots\cdots\cdots\cdots\cdots\cdots\cdots(2)$$

　となり、0.05 より大きな値になったことから、有意水準を 0.05 とすると、帰無仮説は棄却されず、このパネルは識別能力を持たないと判定できる。

2）2点識別法の実施例 (2)

　パネルの人数が多い場合は、以下の例のように検定表を利用する方法がある。

　ここでは、20名のパネルが2種類のコーヒーの砂糖濃度を識別できるかを判断するものとする。

　試料：砂糖濃度 10%コーヒー A と砂糖濃度 8%コーヒー B

　パネル：20名

表5-1　2点識別法の検定表（片側検定）[1]

n	危険率			n	危険率			n	危険率			n	危険率		
	5%	1%	0.1%		5%	1%	0.1%		5%	1%	0.1%		5%	1%	0.1%
5	5	—	—	18	13	15	16	31	21	23	25	44	28	31	33
6	6	—	—	19	14	15	17	32	22	24	26	45	29	31	34
7	7	7	—	20	15	16	17	33	22	24	26	46	30	32	34
8	7	8	—	21	15	17	18	34	23	25	27	47	30	32	35
9	8	9	—	22	16	17	18	35	23	25	27	48	31	33	36
10	9	10	10	23	16	18	19	36	24	26	28	49	31	34	36
11	9	10	11	24	17	19	20	37	24	27	29	50	32	34	37
12	10	11	12	25	18	19	21	38	25	27	29				
13	10	12	13	26	18	20	22	39	26	28	30	60	37	40	43
14	11	12	13	27	19	20	22	40	26	28	31	70	43	46	49
15	12	13	14	28	19	21	23	41	27	29	31	80	48	51	55
16	12	14	15	29	20	22	24	42	27	29	32	90	54	57	61
17	13	14	16	30	20	22	24	43	28	30	32	100	59	63	66

結果：A が甘い（正解）は17人、B が甘い（誤答）3人であった。

検定：表 5-1[1] から、判定数が限界値より大きい場合は有意と判定する。パネル20名では、5％の限界値は15、1％の限界値は16である。正解数17名は1％の限界値よりも大きいので、パネルは有意水準1％で有意に識別できたと判定される。

（2）2点嗜好法

2点嗜好法は2種の試料間の好みに違いがあるかを検定する際に用いる。帰無仮説 H_0 は、一方の試料の方が好きだと答える確率 p と他方の方が好きだと答える確率 q は同じで、$p=q=1/2$ とする。

1）2点嗜好法の実施例1

検定法は、2点識別法の (1) 式を用いて行うことができる。しかし、その際、2点識別法は片側検定であるが、2点嗜好法は両側検定であることに注意すること。

例えば、試料 A と B があり、10 人のパネルに提示し、どちらが好ましいかを答えさせた。パネルは7名が A を好ましいと答えた。(1) 式より7回以上正解する確率は 0.172 となり、二項分布は左右対称なので、2× 0.172 ＝ 0.344 となる。有意水準を 0.05 とすると、帰無仮説は棄却されず、有意水準5％では両試料に対する好みの差はないと判断する。

表5-2　2点嗜好法の検定表（両側検定）[1]

n	危険率			n	危険率			n	危険率			n	危険率		
	5%	1%	0.1%		5%	1%	0.1%		5%	1%	0.1%		5%	1%	0.1%
6	6	—	—	19	15	16	17	32	23	24	26	45	30	32	34
7	7	—	—	20	15	17	18	33	23	25	27	46	31	33	35
8	8	8	—	21	16	17	19	34	24	25	27	47	31	33	36
9	8	9	—	22	17	18	19	35	24	26	28	48	32	34	36
10	9	10	—	23	17	19	20	36	25	27	29	49	32	34	37
11	10	11	11	24	18	19	21	37	25	27	29	50	33	35	37
12	10	11	12	25	18	20	21	38	26	28	30				
13	11	12	13	26	19	20	22	39	27	28	31				
14	12	13	14	27	20	21	23	40	27	29	31	60	39	41	44
14	12	13	14	28	20	22	23	41	28	30	32	70	44	47	50
16	13	14	15	29	21	22	24	42	28	30	32	80	50	52	56
17	13	15	16	30	21	23	25	43	29	31	33	90	55	58	61
18	14	15	17	31	22	24	25	44	29	31	34	100	61	64	67

2）2点嗜好法の実施例2

　パネルの人数が多い場合は、以下の例のように検定表を利用する方法がある。塩分濃度の異なる2種類の味噌汁のどちらが好ましいかを判断する。

　試料：塩分濃度0.8%の味噌汁Aと塩分濃度0.9%の味噌汁B

　パネル：25名

　結果：Aが好ましいは22人、Bが好ましいは3人であった。

　検定：表5-2[1]から、判定数が限界値より大きい場合は有意差ありと判定する。パネル25名では、5%の限界値は18、1%の限界値は20である。正解数22名は1%の限界値よりも大きいので、有意水準1%で塩分濃度0.8%の味噌汁の方が好まれたと判定される。

1．2　3点試験法 (triangle test)

　試料A・Bの2試料の差異を識別できるか否かを判定するために、試料AとBをAABのように、どちらか一方を1個、他を2個、合計3個の試料を提示する。異なる1個を選ぶように指示する方法である。試料の組合わせはAAB、ABA、ABB、BAA、BBA、BABという6通りである。試料の組み合わせは6種類すべてを用いることが望ましい。すなわち、AとBの間に差がない場合でも、Bが奇数試料として選択される偶然の確率1／3となり、AとBの間に差ありと判定するためには、正答率が1／3よりも大きくならなければならない。この検

定には<u>二項分布</u>を用いる。パネルが試料間の差を判断できるかを問う試験になる。試料を提示する際、横に一列のように配置すると心理的な影響がある可能性があり、図5－1のように円形で方向性のない提示をするようにする。

図5-1　3点試験法の試料の提示法

　パネリストに識別能力がない場合、正答する確率 p は 1/3、誤答する確率 q は 2/3 なので、検定は下記の<u>二項分布</u>の式（(3) 式）により行う[2]。この場合、帰無仮説 H_0 は、「パネリストは2種の試料間の識別ができない（p=1/3、q=2/3）」になる。

$$\sum_{x=k}^{n} P(x) = \sum_{x=k}^{n} {}_nC_x \left(\frac{1}{3}\right)^x \left(\frac{2}{3}\right)^{n-x} \qquad \cdots\cdots\cdots\cdots\cdots\cdots (3)$$

　なお、(3) 式の n は試行数（あるいはパネル数）、k は正答数である。

（1）　3点試験法の実施例

　2種類のオレンジジュース A、B の違いを識別できるかを判断する。

　試料：オレンジジュース A、オレンジジュース B

　試料は AAB、ABA、ABB、BAA、BBA、BAB という6通りに組合せ、12名のパネルを 2 名ずつに分け、各組に割り当てる。

　パネルの課題は3つの試料の内、異質の1つの試料を選ぶことである。

　結果：正答したパネリストは 10 人、誤答したパネリストは 2 人であった。

1）二項検定による方法

　(3) 式により検定する。

　(3) 式の n はパネルの大きさ（n=12）、k は正答数（k=10）、$n-k$ は誤答数（$n-k$=2）なので、(3) 式より、

$$\sum_{x=10}^{12} P(x) = \sum_{x=10}^{12} {}_{12}C_x \left(\frac{1}{3}\right)^x \left(\frac{2}{3}\right)^{12-x} = 0.0005$$

となり、0.001 より小さな値になったことから、帰無仮説は棄却され、この
パネルは有意水準 0.1％で識別能力を持つと判定できる。

2）検定表による方法

　表 5-3[1)]から、パネル12名では、5％の限界値は 8、1％の限界値は 9、
0.1％の限界値は 10 である。正解数 10 名は 0.1％の限界値以上なので、
有意水準 0.1％でパネルは識別能力ありと判定される。

1．3　1：2点試験法 (duo-trio test)

　1：2点試験法は対照試料 A を提示し、パネルにその特徴を記憶しても
らう。その後に、対照試料と異なる試料 B の1組を提示して、どちらが A
であるかを判断させる方法である。外観、味などを含めて全体の質的な
違いを判断する。そのため、2点識別法と異なり、A と B の間にどのような
違いがあるかが不明な場合でも用いることができる。2つの試料の中から一
方を選ばせるという二者択一の判断であるから、検定法は、2点試験法と
同じである。

　なお、このとき、どちらが選ばれるべきか、あらかじめ仮説検定ができる
ので、片側検定となる。

表 5-3　3点試験法の検定表[1)]

n	危険率			n	危険率			n	危険率			n	危険率		
	5%	1%	0.1%		5%	1%	0.1%		5%	1%	0.1%		5%	1%	0.1%
3	3	—	—	17	10	11	13	31	16	18	20	45	22	24	26
4	4	—	—	18	10	12	13	32	16	18	20	49	22	24	26
5	4	5	—	19	11	12	14	33	17	19	21	47	23	24	27
6	5	6	—	20	11	13	14	34	17	19	21	48	23	25	27
7	5	6	7	21	12	13	15	35	18	19	22	49	23	25	28
8	6	7	8	22	12	14	15	36	18	20	22	50	24	26	28
9	6	7	8	23	13	14	16	37	18	20	22				
10	7	8	9	24	13	14	16	38	19	21	23				
11	7	8	10	25	13	15	17	39	19	21	23				
12	8	9	10	26	14	15	17	40	19	21	24	60	28	30	33
13	8	9	11	27	14	16	17	41	20	22	24	70	32	34	37
14	9	10	11	28	15	16	18	42	20	22	25	80	35	38	41
15	9	10	12	29	15	17	19	43	21	23	25	90	39	42	45
16	10	11	12	30	16	17	19	44	21	23	25	100	43	46	49

（1）１：２点試験法の実施例

2種類のオレンジジュースA、Bの違いを識別できるかを判断する。

試料：オレンジジュースA（濃縮還元）、オレンジジュースB（ストレート）

図5-2　１：２点試験法の試料の提示法

パネル：30名

結果：正答した人数が22人、誤答した人数が8人であった。

判定：検定表による検定の場合、2点識別法の検定表（表5-1）を用いる。表5-1から、判定数が限界値より大きい場合は有意差ありと判定する。パネル30名では、5%の限界値は20、1%の限界値は22、0.1%の限界値は24である。正解数22名は1%の限界値以上なので、有意水準1%で識別能力があると判定される。

1．4　配偶法 (matching)

配偶法は、t個の試料、A_1、A_2、A_3、A_4・・・A_tの1個ずつからなる組を2組用意する。Aの試料と同じものをもう一つの組から選んで対を作る方法。

正しい対をどれだけつくれるかということで、パネルの識別能力を判断できる。

（1）配偶法の実施例

パネル：6名

試料：6種類の緑茶を用意し、それぞれ2系列作成する。系列1にA、B、C・・の記号を、系列2にア、イ、ウ・・の記号をつける。

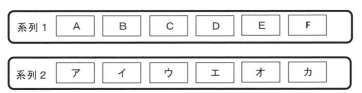

図 5-3　配偶法の試料の提示例

表 5-4　配偶法による紅茶の識別結果

パネル	紅茶の種類							配偶数	検定
	A	B	C	D	E	F	G	s	
1	A	B	D	C	E	F	G	5	＊＊
2	A	C	B	D	E	F	G	5	＊＊
3	C	B	A	D	F	E	G	3	―
4	A	B	C	D	E	F	G	7	＊＊＊
5	C	A	B	D	E	F	G	4	＊
6	A	B	C	E	D	F	G	5	＊＊

手順：最初に系列1を評価し、次に系列2を評価する。各系列から1個ずつ取り出して同じ試料の組を作らせる。

結果：表 5-4 にまとめる。

検定：

表 5-5　配偶法の検定表
（繰り返しのない場合）[3]

	有意水準		
t	5%	1%	0.10%
4	3	―	―
5	4	―	―
6	4	―	―
7	4	5	6
8	4	5	6
9以上	4	5	6

t＝試料数

繰り返しのない場合

　表 5-4 の正しく組み合わせた試料数（配偶数）sを表 5-5[3] と比較する。配偶数が表 5-5 の値に等しいか、大きいとき、試料判別能力があるとする。

　$t＝7$のとき、$s≧4$となれば5％で有意、$s≧5$となれば1％で有意、$s≧6$となれば0.1％で有意となる。

　パネル別に判定結果をみると、パネル5は5％で有意、パネル1、2、6は1％で有意、パネル4は 0.1％で有意である。

　したがって、パネル1、2、4、5、6 識別能力があると判断する。パネル3は配偶数が3であり、表 5-5 の値より小さいので、識別能力はないと判断する。

繰り返しがある場合

　表 5-4 の結果が1人のパネルが6回繰り返したとする。6回の配偶数の平均値sを求め、その値が表 5-6 に示す値と等しいか、または大きければ、試料間に有意差がある（またはパネルが6種類の試料を識別できる）と判

断する。

$s = 1／6（5＋5＋3＋7＋4$
$＋5）＝4.83$

　表 5-6[3] より、$n＝6$の値は1.
83であるため、このパネルは
試料を識別できる能力がある
と判定する。

表 5-6　配偶法の検定表
（繰り返しのある場合）[3]

n	s	n	s
1	4.00	11	1.64
2	3.00	12	1.58
3	2.33	13	1.54
4	2.25	14	1.50
5	1.80	15	1.53
6	1.83		
7	1.86	20	1.45
8	1.75	25	1.36
9	1.67	30	1.33
10	1.60		

n＝繰り返し数

　配偶法の分類では、上述した t 個同士のマッチングで繰り返しのない場合、t個同士のマッチングで繰り返しのある場合に加えて、t個と（t＋1）または（t＋2）個のマッチングの場合もある。

2. 順位法　（ranking）

2.1　ケンドールの順位相関係数 (Kendoll rank correlation coefficient)

　試料の物理的属性が持つ順序とパネルの評価結果との2つの順位で、相関を計算する。その物理的属性値の順に、パネルの結果について順位が上昇している対（P）と下降している対（Q）との数を求める。 Sを算出するために（4）式に代入し、（5）式を用いて r_k を算出する。物理的属性値の順序とパネルの評価の順序がすべて一致すれば r_k は ＋1となり、まったく逆の順序では−1となる。

$S = \Sigma P - \Sigma Q$

$$\cdots\cdots\cdots\cdots\cdots\cdots\cdots\cdots(4)$$

$r_k = \dfrac{2S}{k(k-1)}$

（k は試料の数）

$$\cdots\cdots\cdots\cdots\cdots\cdots\cdots(5)$$

例題：パネルの評価が物理的属性値の順になっているかを判断する。
試料：物理的属性がある試料7個 （$k：7$）

表 5-7　ケンドールの順位相関係数

物理的属性の順位	1	2	3	4	5	6	7	
パネルの評価	3	2	4	6	5	1	7	計
P：上昇	4	4	3	1	1	1		14
Q：下降	2	1	1	2	1	0		7

結果：表 5-7 にまとめる。ここでは同順位はないものとする。

検定：表 5-7 の物理的順位は左から1、2、3で、右に行くほど数値が大きくなる。つまり上昇している。パネルの評価の一番左の「3」を基準にして、1つずつ右に移行していくと、「2」で一番左の「3」より小さいので下降、次の「4」は「3」より大きいので上昇となる。続けて「6」、「5」‥を基準とした「3」と比べて上昇、下降がそれぞれいくつあったかを数える。次に「2」を基準にしてというように右に移行して数えていく。基準とした数値より右側にある数値のみで数える。(4) 式に代入して S を、(5) 式を用いて r_k を算出する。表 5-8 [4] を用いて検定する。この例では、片側検定となる。

r_k の絶対値が表中の r_k の値以上なら（この例では 0.619 以上なら）、5％水準で有意となる。

表 5-8　ケンドールの順位相関係数のための有意点 [4]

片側 （両側）	0.100 0.200		0.050 0.100		0.025 0.050		0.010 0.020		0.005 0.010	
k	r_k	S	r_k	S	r_k	S	r_k	S	r_k	S
4	1.000	6	1.000	6						
5	0.800	8	0.800	8	1.000	10	1.000	10		
6	0.600	9	0.733	11	0.867	13	0.867	13	1.000	15
7	0.524	11	0.619	13	0.714	15	0.810	17	0.905	19
8	0.429	12	0.571	16	0.643	18	0.714	20	0.786	22
9	0.389	14	0.500	18	0.556	20	0.667	24	0.722	26
10	0.378	17	0.467	21	0.511	23	0.600	27	0.644	29
11	0.345	19	0.418	23	0.491	27	0.564	31	0.600	33
12	0.303	20	0.394	26	0.455	30	0.545	36	0.576	38
13	0.308	24	0.359	28	0.436	34	0.513	40	0.564	44
14	0.275	25	0.363	33	0.407	37	0.473	43	0.516	47
15	0.276	29	0.333	35	0.390	41	0.467	49	0.505	53
16	0.250	30	0.317	38	0.383	46	0.433	52	0.483	58
17	0.250	34	0.309	42	0.368	50	0.426	58	0.471	64
18	0.242	37	0.294	45	0.346	53	0.412	63	0.451	69
19	0.228	39	0.287	49	0.333	57	0.392	67	0.439	75
20	0.221	42	0.274	52	0.326	62	0.379	72	0.421	80

２．２ スピアマンの順位相関係数(Spearman rank correlation coefficient)

　塩分濃度など客観的順位がついた数個の試料をランダムに提示し、それらを濃度の順に並べられるかを判断する方法である。パネリストの濃度識別能力の判定などに使われる。客観的な順位とパネルが並べた順位で、相関を計算する。スピアマンの順位相関係数では、順位をそのまま計量値とみなし、通常の相関係数で2組の順位の関連性の強弱をみる。

　(6) 式より[4]、スピアマンの順位相関係数 r_s を算出する。tは試料数を示す。客観的順位とパネルの評価の順位が完全に一致したときの r_s は＋1で、逆の時は－1となる。

$$r_S = 1 - \frac{6 \sum d^2}{t^3 - t} \quad \cdots\cdots\cdots\cdots\cdots\cdots\cdots(6)$$

　　例題：濃度の異なるグルタミン酸ナトリウムに順位をつけさせ、パネルが
　　　　　正しく識別できるかを判断する。
　　試料：濃度の異なるグルタミン酸ナトリウム溶液A～Eを3人のパネルに
　　　　　提示し、濃度の高い順に順位をつけさせる。
　　結果：表5-9 にまとめる。

　パネリスト1を例にして客観的順位との相関を求める（表5-10）。客観的順位とパネリスト1の評価の差dを求め、d^2 を算出する。次に、その d^2 の総計（$\sum d^2$）を算出する。ここでは、$\sum d^2$ は16になり、(6) 式より、順位相関係数を求めたところ、r_s=0.20 になった（(7) 式）。

表5-9　順位法による評価結果

試料の記号	A	B	C	D	E	$\sum d^2_i$	r_s
客観的順位	1	2	3	4	5		
パネル 1	3	1	4	5	2	16	0.2
2	3	1	4	5	2	16	0.2
3	1	2	3	5	4	2	0.9

表5-10　パネリスト1の計算

客観的順位	1	2	3	4	5
パネリスト1の順位	3	1	4	5	2
差の絶対値 $\lvert d \rvert$	2	1	1	1	3
d^2	4	1	1	1	9

$$r_s = 1 - \frac{6 \times 16}{125 - 5} = 0.20$$

$$\cdots\cdots\cdots\cdots\cdots(7)$$

次に検定を行う。ここでは、客観的順位との相関なので、片側検定を行う。

Σd^2 が表 5-11 の値より小さければ有意と判断する（同順位はないものとする）。

表 5-11　スピアマンの順位相関係数の検定表
（t：試料数）[1]

t	有意水準			
	片　側		両　側	
	5%	1%	5%	1%
5	2	—	—	—
6	6	2	4	—
7	16	6	12	4
8	30	14	22	10
9	48	26	38	20
10	72	42	58	34

t=試料数
Σd_i^2 が表の値以下なら有意

表 5-11[1] より t＝5のとき、片側検定で Σd^2 が2以下なら5%で有意であるが、パネリスト1の Σd^2 は16であるから、パネリスト1の識別能力はないと判定する。

2.3　ケンドールの一致性の係数 (Kendoll's coefficient of concordance)

好ましさなど客観的な順位がつけられない t 個の試料を n 人のパネルが評価したとき、そのパネル全員の評価が一致しているのかを判定する方法である。

まず試料につけられた n 人のパネルの順位合計 T_i を計算し、(8) 式より順位合計の平均 $\overline{T}$ を求め、次に (9) 式より $T_i - \overline{T}$ の平方和 S を算出する。求めた S を (10) 式に代入して一致性の係数 W を算出する[1]（$0 \leqq W \leqq 1$）。n 人の評価が一致すれば $W＝1$ となる。表 5-12 を用いて検定する。S の値が表 5-12 の値より大きいとき、n 人の評価は一致していると判定する。表 5-12 に示されていない n に対しては (11) 式を用いて算出する。

表 5-12　順位法による評価結果

パネル	試　料		
	A	B	C
1	1	2	3
2	2	1	3
3	1	3	2
4	1	2	3
5	2	3	1
6	1	2	3
7	2	1	3
8	1	2	3
9	1	2	3
10	1	2	3
合　計	13	20	27

$$\overline{T} = \frac{n(t+1)}{2} \quad\cdots\cdots\cdots\cdots\cdots\cdots(8)$$

$$S = \sum_{i=1}^{t}(T_i - \overline{T})^2 = \sum_{i=1}^{t}\left\{T_i - \frac{n(t+1)}{2}\right\}^2$$
$$\cdots\cdots\cdots(9)$$

$$W = \frac{12S}{n^2(t^3 - t)}$$
$$\cdots\cdots\cdots\cdots\cdots\cdots(10)$$

$$F_0 = \frac{(n-1)W}{1-W} \qquad \cdots\cdots\cdots\cdots\cdots\cdots\cdots (11)$$

例題：プリンに好みの順位をつけたが、パネルの評価が一致しているか
　　を判定する。

試料：プリン3種（A，B，C）

パネル：10人

結果：表5-12にまとめる。

検定：平方和Sを算出し、次にWを算出する。

$$\bar{T} = 10 \times (3+1)/2 = 20$$
$$S = (13-20)^2 + (20-20)^2 + (27-20)^2 = 98$$
$$W = \frac{12 \times 98}{10^2(3^3-3)} = 0.49$$

表5-13[3)]から$n=10$、$t=3$の有意水準5％の値が60である。Sはこの
値より大きいので、この10人のパネルの評価は一致していると判断する。

2．4　フリードマンの順位検定 (Friedman test)

　各試料に対してパネルが順位づけしたデータをもとにして、試料間に順位
の差があるかどうかを検定する。

　順位づけに際しては、同順位を許す場合と許さない場合とがある[4)]。

　表5-14は、12名のパネルに車体の色の好みの順位を尋ねたときの結果
である[5)]。この結果から車体の色の好みの順位に差があるかどうかを検定す
る場合、以下のような手順で行う。なお、ここでは、同順位は許していない。

表5-13　ケンドールの一致性の係数WのSによる検定表[3)]

t	有意水準5％					有意水準1％				
n	3	4	5	6	7	3	4	5	6	7
3	17.5	35.4	64.4	103.9	157.3	—	—	75.6	122.8	185.6
4	25.4	49.5	88.4	143.3	217.0	32.0	61.4	109.3	176.2	265.0
5	30.8	62.6	112.3	182.4	276.2	42.0	80.5	142.8	229.4	343.8
6	38.3	75.7	136.1	221.4	335.2	54.0	99.5	176.1	282.4	422.6
8	48.1	101.7	183.7	299.0	453.1	66.8	137.4	242.7	388.3	579.9
10	60.0	127.8	231.2	376.7	571.0	85.1	175.3	309.1	494.0	737.0
15	89.8	192.9	349.8	570.5	864.9	131.0	269.8	475.2	758.2	1130
20	119.7	258.0	468.5	764.4	1159	177.0	364.2	641.2	1022	1522

表 5-14　車体の色の好みの順位[5]

パネリスト	赤	白	黄	青	
1	1	3	4	2	
2	1	2	4	3	
3	3	1	4	2	
4	1	2	4	3	
5	2	1	4	3	
6	2	1	4	3	
7	2	3	1	4	
8	1	4	2	3	
9	2	3	1	4	
10	3	2	4	1	
11	2	3	4	1	
12	1	2	3	4	
順位和R_p	21	27	39	33	合計
順位和 2 乗R_p^2	441	729	1521	1089	3780

手順1：フリードマン検定の棄却限界値（$F test$ 値）を (12) 式により求める[4][5]。

$$F_{test} = \frac{12(R_1^2 + R_2^2 + R_3^2 + \cdots + R_p^2)}{jp(p+1)} - 3j(p+1) \quad \cdots\cdots\cdots\cdots\cdots(12)$$

R_i：試料 i の順位和

j：パネルの人数

p：試料の数

表 5-14 の例では、

$$F_{test} = \frac{12 \times 3780}{12 \times 4 \times 5} - 3 \times 12 \times 5 = 9$$

より、$F test$ 値は 9 になる。

手順2：＜検定＞

　手順1で求めた $F test$ 値に対して、フリードマン検定表（ISO8587 Table 4）を用いて検定する。ISO8587 Table 4 より、試料数 4、パネルの人数 12 の時の 5 ％棄却限界値は 7.70、1 ％棄却限界値は 10.68 である。得られた $F test$ 値は 7.70 より大きく、10.68 よりは小さいため、車体の色の順位値は5％水準で有意といえる。

　なお、ISO8587 Table 4 が使えない場合は、*Ftest* 値を自由度 *p-1* の χ^2 値とみなして、 χ^2 検定を行う。 χ^2 検定は Excel 関数 CHISQ.DIST.RT(*Ftest*, *p-1*) より危険率を求め、その値が 0.05 以下であれば5％水準で有意、0.01 以下であれば1％水準で有意になる。 本例の場合は、CHISQ.DIST.RT(9, 3)=0.029 となり、5％水準で有意になる。

手順3：＜下位検定＞

　手順2で車体の色の順位値が5％水準で有意になったので、次に、下位検定を行い、どのペアの間に有意差があるのかを検定する。

　最初に、下記の (13) 式によりペア間の最小有意差（<u>LSD</u>）を求める。

$$LSD = Z\sqrt{\frac{j \cdot p \cdot (p + 1)}{6}} \quad\cdots\cdots\cdots\cdots\cdots\cdots\cdots(13)$$

　試料の数は4なので、試料同士のペアの組み合わせ数は6つになる。そこで、危険率 α （有意水準）を5％のままにしておくと有意になりやすくなってしまう。個別のペアではなく、実験全体で5％に設定するのであれば、有意水準 α を組み合わせ数に応じて厳しくする必要がある。

　そこで、<u>ライアンの法</u>により、下記の (14) 式を用いて α にかわる名義的危険率 α' を求めると、0.0083 になる。

$$\alpha' = \frac{2\alpha}{p(p-1)} = \frac{2 \times 0.05}{4 \times 3} = 0.0083 \quad\cdots\cdots\cdots\cdots\cdots\cdots(14)$$

　α'=0.0083 に対応する Z 値は、両側検定なので、正規分布表、もしくは Excel 関数 NORM.S.INV(0.996) より、2.65 になる。

　この Z 値を上記の (13) 式に代入すると、

$$LSD = 2.65\sqrt{\frac{12 \times 4 \times 5}{6}} = 16.76$$

となり、ペアの順位和の差が 16.76 以上であれば5％水準で有意となる。本例では、赤と黄の差が 18 となり、5％水準で有意となる。

また、同順位のある場合の検定法については、ISO8587 に詳しい[4]。

２．５　ウィルコクソンの順位和検定　(Wilcoxon rank sum test)

ウィルコクソンの順位和検定は 2 群間のノンパラメトリックデータに用いる検定でマン‐ホイットニーの U 検定 (Mann-Whitney U test) と同じものである。対応のないデータに用い、対応のあるデータには、ウィルコクソンの符号順位和検定を用いる。

ウィルコクソンの順位和検定は、得られた2つのデータ間の中央値に差があるかどうかを検定するもので、サンプル数が少なくデータに正規性を仮定できないときでサンプルサイズが異なるデータにも用いることが出来る。

（１）検定の実際

データ1とデータ2の2組のデータがあり、データ1のサンプルサイズは N_1、データ 2 のサンプルサイズは N_2 とし、$N_1 \leq N_2$ とする。帰無仮説を「2組のデータの順位値には差がない」とし、対立仮説を「2組のデータの順位値には差がある」とする場合は、両側検定で検定する。一方、対立仮説を「データ1の順位値の方が高い」とか「データ2の順位値の方が高い」とした場合には、片側検定になる。

今回は両側検定で行うものとする。

データ 1　X_{11}, X_{12}, X_{13}, …, X_{1N1}

データ 2　X_{21}, X_{22}, X_{23}, ……, X_{2N2}

データ1とデータ2に対し、それぞれ小さい順（または大きい順）に順位をつける。

割り当てた順位を r_{ij} とすると、

データ1　r_{11}, r_{12}, r_{13}, …, r_{1N1}

データ2　r_{21}, r_{22}, r_{23}, ……, r_{2N2}

表 5-15　ウィルコクソンの順位和検定数表 (両側検定：有意水準 5%)

N1/N2	4	5	6	7	8	9	10	11	12	13	14	15
2	–	–	–	–	3	3	3	3	4	4	4	4
3	–	6	7	7	18	8	9	9	10	10	11	11
4	10	11	12	13	14	14	15	16	17	18	19	20
5	–	17	18	20	21	22	23	24	26	27	28	29
6	–	–	26	27	29	31	32	34	35	37	38	40
7	–	–	–	36	38	40	42	44	46	48	50	52
8	–	–	–	–	49	51	53	55	58	60	62	65
9	–	–	–	–	–	62	65	68	71	73	76	79
10	–	–	–	–	–	–	78	81	84	88	91	94

（ α =0.05）

となる。

　次にサンプルサイズの小さい方（データ１：データ数 N_1 ）の順位和を (15) 式により求める。

$$w = \sum_{j=1}^{N_1} r_{1j}$$
　　　　　　　　・・・・・・・・・・・・・・・・・・・・・・・ (15)

　次に、(16) 式により W を求める。

$$W = N_1(N_1 + N_2 + 1) - w$$
　　　　　　　　・・・・・・・・・・・・・・・・・・・・・・・ (16)

　w と W の内、小さい方の値を表 5-15 の N_1 と N_2 に対応する限界値と比較して、その値が限界値以下であれば、5% 水準で「2組のデータの順位値には差がない」という帰無仮説は棄却される。

　また、片側検定を行う場合には、片側検定用の数表を用いる。

2.6　クラスカル・ウォリスの H 検定　(Kruskal-Wallis Test)

　クラスカル・ウォリスの H 検定はノンパラメトリックデータで 3 群以上の順位の差を検定する時に行うもので、パラメトリックデータの一元配置分散分析に相当する検定である。一元配置分散分析は各群のデータの分布が正規分布で、分散が等しいときに用いられるが、クラスカル・ウォリスの H 検定は各群の分散が等しくない場合に用いる。Wilcoxon 検定や Mann-Whitney 検定同様、順位データに用いる。

（1）検定の実際

　群数を k としたとき、統計量 H は、自由度（$k-1$）の χ^2 乗分布に従うことを利用して検定を行う。まずすべての群のデータを一緒にして、小さいものから順位をつける。

　k 群の試料につけられた順位 R_{ij} を以下のように表す。ただし、各群のサンプルサイズは n_i（$i=1, 2, \cdots, k$）とする。

第1群：$R_{11}, R_{12}, \cdots, R_{1j}, \cdots, R_{1n_1}$

第2群：$R_{21}, R_{22}, \cdots, R_{2j}, \cdots, R_{2n_2}$

　　⋮

第 i 群：$R_{i1}, R_{i2}, \cdots, R_{ij}, \cdots, R_{in_i}$

　　⋮

第k群：$R_{k1}, R_{k2}, \cdots, R_{kj}, \cdots, R_{kn_k}$

　まず、各群ごとの順位和 T_i を (17) 式によって求める。

$$T_i = \sum_{i=1}^{n_i} R_{ij}$$ ………………………… (17)

　順位和を T_i、サンプルサイズを n_i、全サンプルサイズを N としたときの統計量 H を以下の (18) 式で求める。

$$H = \frac{12}{N(N+1)} \sum_{i=1}^{k} \frac{T_i^2}{n_i} - 3(N+1)$$ …………………………(18)

　χ^2 分布表より自由度 $k-1$、有意水準5%の χ^2 値と H とを比較し、H の値の方が高ければ、帰無仮説は棄却され、有意水準5%で試料間に有意差があるといえる。

（2）　クラスカル・ウォリスのＨ検定の特徴

　データのどこかに差があるかどうかを検定するのであって、どことどこの群で差があるかまではわからない。

3. 格付け法　（rating method）

　格付け法は、「カテゴリーを含む、あらかじめ決められた順位に分類する方法　JIS Z 8144」で、(1) 一つまたはそれ以上の項目の強弱、あるいは、(2) 好みの程度を測定するのに用いられる。

　(1) の場合、評価者は 1 名以上の熟練パネル、5 名以上の訓練パネル、20 以上の訓練されていないパネルを用いる。

　(2) の場合は、2 サンプルでは 50 名以上、3 サンプルでは 100 名以上のパネルを用いる。あらかじめ決められた順位に分類とは、特上、上、並みのような分類で、より詳細な段階分けをすることもある。

　格付け法によって得られたデータを名義尺度や順序尺度とみなすか、あるいは間隔尺度とみなすかで、検定法が異なる。データを間隔尺度とみなした場合は分散分析、順序尺度とみなした場合はフリードマンの順位検定等を行い、名義尺度とみなした場合は、χ^2 検定の独立性の検定等を行うが、ここでは、名義尺度とみなした事例を取り上げて、χ^2 検定の独立性の検定（対応のない比率の比較）を行うものとする。

3.1　χ^2検定[6]

（1）χ^2 検定の実際

　χ^2 の算出法は以下の通りである。

$$\chi^2 = \sum_{i=1}^{K} \sum_{j=1}^{l} \frac{(O_{ij} - E_{ij})^2}{E_{ij}}$$

（自由度 df=(k-1)(1-1)）　　　　　　　　　　　　　　　　　……………………………(19)

　また、期待度数の求め方は以下の通りである。

$$E_{ij} = \frac{n_{i.} n_{.j}}{N}$$

　　　　　　　　　　　　　　　　　………………(20)

O_{ij}：観測度数　　E_{ij}：期待度数　　k：クロス表の行の数

l：クロス表の列の数　　N：総度数　n_i：行和　n_j：列和

＜事例＞　90人のパネリストを30人ずつの3グループに分け、各グループに3種類の牛肉（試料）のいずれかを割り当て、それぞれ上、中の2段階で評価してもらったときに、表5-16のようなクロス表を得た。試料間に差があるといえるか。

<u>独立性の検定</u>は、実測値のクロス表と期待値のクロス表から検定を行う。

$$\chi^2 = \sum \frac{(実測値-期待値)^2}{期待値} = \frac{(20-18.3)^2}{18.3} + \frac{(30-18.3)^2}{18.3} + \frac{(5-18.3)^2}{18.3} + \frac{(20-21.7)^2}{21.7} + \frac{(10-21.7)^2}{21.7} +$$

$$\frac{(35-21.7)^2}{21.7} = 0.16 + 7.48 + 9.67 + 0.13 + 6.31 + 8.15 = 31.90$$

自由度（3-1）×（2-1)=2 の χ^2 の5％点は5.991なので、3種類の牛肉に対する格付けは5％水準で有意差があるといえる。

表5-16　実測値のクロス表と期待値のクロス表

独立性の検定（実測値）

格付け	上	中	計
牛肉1	20	20	40
牛肉2	30	10	40
牛肉3	5	35	40
計	55	65	120

独立性の検定（期待値）

格付け	上	中	計
牛肉1	18.3	21.7	40
牛肉2	18.3	21.7	40
牛肉3	18.3	21.7	40
計	55	65	120

3.2 フィッシャーの正確検定（Fisher's exact test）

統計的検定の重要要素の一つとして<u>サンプルサイズ</u>がある。サンプルサイズは、小さすぎる場合の統計解析の適用は適正でなく、大きくなればなるほど統計的に有意になりやすいという問題がある。

2つの<u>質的変数</u>X、Yの関連性の<u>独立検定</u>においてサンプルサイズが大きい場合には、統計量の標本分布が近似的に χ^2 分布に等しくなるので χ^2 検定が用いられる。しかし、<u>2×2クロス表の期待度数</u>が5未満のセルが存在

するなどサンプルサイズが小さい場合には、検定の結果に問題がある可能性があると言われている。このような場合に、正確な p 値を求める方法として「フィッシャーの正確検定」が用いられる。この検定は、あり得るすべての組み合わせを行い試料に見られる統計量がどのぐらいの確率で起こるかを計算する[7]。

具体的には、クロス集計表の行和および列和を固定して超幾何分布を用いて p 値を求める方法である。超幾何分布とは、M 個の要素数を持つある属性と $N-M$ 個の要素数を持つ別の属性からなる、合計 N 個の要素から n 個の標本を非復元抽出した結果として、M 個の要素数を持つある属性から x 個の要素が抽出された際に、その x が従う分布である。その確率関数は、以下の (21) 式により与えられる[8]。

この計算は膨大な計算量となる場合があるが、現在では統計ソフトの利用により算出が可能となった[9]。

$$f(x) = \frac{{}_M C_x \cdot {}_{N-M} C_{N-x}}{{}_N C_n}$$ .... (21)

＜事例＞　調味料AとBの「コク」の改善効果（あり・なし）についての評価（$n=50$）した結果の2×2のクロス表は表 5-17(A) のようであった。本事例では、「コクの改善なし」の周辺度数が 10 以下でセル度数に0(or 近い数値) が存在するので、Fisher の正確検定が適用される。上記 (21) 式で、計算を適用する場合の参照表を表 5-17(B) に記載した。

Fisher の正確検定①の結果を表 5-17(C) に、Pearson のカイ 2 乗検定②を使用した場合の p 値とともに比較した。①の結果は、p 値＝ 0.111 で、対立仮説が採択され「コクの改善なし」の確率は、調味料 B の方が調味

表 5-17　　(A) 評価結果２×２クロス表

調味料		コクの改善		
		あり	なし	合計
調味料	A	33	0	33
	B	15	2	17
	合計	48	2	50

(B) 計算式適用参照表

調味料		コクの改善		
		あり	なし	合計
調味料	A	x	M-x	M
	B	n-x	N-M-(n-x)	N-M
	合計	n	N-n	N

表 5-17(C) 評価結果（A）の Fisher の正確検定およびカイ 2 乗検定の p 値の比較

検定方法	p値	検定
Fisherの正確検定	0.111	
Pearsonカイ2乗検定	0.044	＊

※ : 有意確率a＜0.05

表 5-17(D)　評価事例のセル数値が異なるケースとその確率

		コクの改善		
		あり	なし	合計
調味料	A	32	1	33
	B	16	1	17
	合計	48	2	50

Fisherの正確検定	p値
右片側検定	0.569

料 A より大きいという結果となった。一方、②の結果は、有意確率 $\alpha < 0.05$ で有意となり、調味料とコクの改善の 2 つの変数が独立するとは言えないという結果である。

　なお、今回の事例で得られた観測データより以上に対立仮説を支持するパターンで、周辺度数が同じでセルの数値が異なる事例についてすべてを同様の確率を計算して、その値が、元のデータで求めた確率よりも小さい場合には、その確率と元のデータで求めた確率を加えたものが真の確率 (p) になること[10] により、その可能性のある例として2×2クロス表とその確率を表 5-17(D) に示した。検定結果、p 値が元データより大きく、本事例では、元のデータの結果のみで加算の必要がないことが示された。

4．CATA 法 （Check-All-That-Apply）

　CATA 法は、複数の評価用語からなるチェックリストの中から試料の特徴を表すと思う用語をパネリストにチェックしてもらい、それぞれの評価用語がチェックされた数を基にして試料の特性を明らかにする方法である。

　表 5-18 は、炊飯米を咀嚼した時の印象を CATA 法で評価したときに、各評価語がチェックされた度数を示したものである[11]。ここでは、評価語ごとに、

試料間でチェックされた度数に違いがあるのかを検定することが行われる。同じパネリストがすべての試料について評価しているので、対応のあるデータといえ

表 5-18　CATA 法による各評価用語の選択度数と検定結果 [11]

	コシヒカリ	低たんぱく米	ミルキークイーン	ササニシキ	コクランのQ
好きな味	14	0	11	16	28.2***
嫌いな味	1	13	1	0	66.7***
甘い味	9	4	6	6	6.0
甘い香り	5	3	5	5	5.3
程よい粘り	10	2	12	8	14.0**
飲み込みやすい	6	3	6	4	2.9
ねっとりとした	7	10	6	0	15.6**
かたい	4	2	3	9	2.6
渋味	0	8	1	0	13.2**
酸味	1	3	3	1	1.2
あっさり	7	2	6	7	5.8

る。このように対応のあるデータの場合は、<u>コクランの Q 検定</u>を用いて、試料間の度数の差を検定する。なお、格付け法のように、試料毎に異なるパネルを用いた場合は、χ^2検定を行う。

4.1　コクランの Q 検定

表 5-19 [12] は、4種類の炊飯米を咀嚼した時の印象を CATA 法で評価した結果の一部である。ここでは、表 5-18 で示した評価用語の中から「好きな味」を取り上げ、各炊飯米に対し、「好きな味に」にチェックしたか否かを 20 人のパネリスト毎に示したものの一部である。チェックしたら「1」、チェックしなかったら「0」が記録されている。ここでは、表 5-19 を基にして、試料間でチェックされた度数に違いがあるかを検定する。

表 5-19 において、行和や列和

表 5-19　CATA 法結果
（「すきな味」にチェックしたら「1」、チェックしなかったら「0」（一部））[12]

パネリスト	コシヒカリ	低たんぱく米	ミルキークイーン	ササニシキ	行和（ΣX）	（ΣX）²
P1	1	0	1	1	3	9
P2	1	0	1	1	3	9
P3	1	0	1	1	3	9
P4	1	0	0	1	2	4
・	・	・	・	・	・	・
・	・	・	・	・	・	・
P17	1	0	0	0	1	1
P18	0	0	0	1	1	1
P19	0	0	1	0	1	1
P20	1	0	0	1	2	4
列和（ΣU）	14	0	11	16	41	99
（ΣU）²	196	0	121	256	573	

等を求め、(22) 式により検定統計量 Q を求める。

$$Q = \left[(k-1)\left\{k\sum_{i=1}^{4} U_i^2 - \left(\sum_{i=1}^{4} U_i\right)^2\right\}\right] / \left\{k\sum_{j=1}^{20} X_j - \left(\sum_{j=1}^{20} X_j^2\right)\right\}$$

$$\cdots\cdots\cdots\cdots\cdots\cdots\cdots(22)$$

なお、k は試料の数で、本例では $k=4$ である。

(22) 式を本例に当てはめると

$Q=(4-1) \times \{(4 \times 573)-41^2\}/(4 \times 41-99)=28.2$ となる。

　次に、求めた Q を χ^2 値として、χ^2 検定を行う。なお、自由度 df は、$df = k - 1 = 3$ である。検定表より、自由度3で危険率0.1%の χ^2 値は、16.3 で、求めた χ^2 値（Q 値：28.2）の方が大きいので、本例では、危険率0.1%で試料間に有意差があるといえる。

　同様の検定をすべての評価語に対して行うことにより、評価語ごとに試料間でチェックされた数が異なるか否かの検定ができる。

5．一対比較法　（method of paired comparisons）[13]

5.1　はじめに

　人の判断には、パネリストの内的基準による<u>絶対判断</u>と、標準刺激やそれぞれの比較刺激を基準にして評価する<u>相対判断</u>がある。

　<u>一対比較法</u>は、標準刺激を設定せずに、t 種（$t \geqq 3$）の試料 S1,S2,…St を比較するのに、t 個を2つずつ組合せて、${}_t C_2 = t(t-1)/2$ 通りの対を作り、<u>一次元性</u>が想定できる特性について比較判断させ、間接的に試料間の<u>尺度構成</u>を行う方法である。

　一対比較法の代表的手法について、図 5-4 にその概要を示した。

　基本的方法として、①各パネリストの判断の一貫性を判定する一意性の係

数、②評価集団としてのパネリスト間の判断の一致性の度合を判定する一致
性の係数の2つの判定方法がある。

　一対比較法による分析方法には、③各対につき試料内の順位のみを付け
比較結果を順位で表現する方法、④順位に加えてその差の程度も算出し比較
結果を評点で表現する方法がある。評価方法やそのデータの処理の方法によ
り、それぞれ、⑤⑥、⑦～⑩の解析法がある。

5.2　一意性の係数ζ（ジータ）（coefficient of consistency ζ）[13] [14]

　一意性の係数ζは、t種の試料を一対比較法により、1人で評価した時、
各対における判定をもとに、判断の一貫性の程度を見る値である。一巡三
角形からζを算出し、検定はχ^2検定により行う。

　一巡三角形とは、例えばA、B、C3種の試料を一対比較法で評価する場合、
その組合せは（AとB）（AとC）（BとC）の3組である。各組合せにつき好ましい
方を選ばせ、BよりもAが（A←B）、CよりもBが（B←C）好まれたならば、理
論的にはCよりもAの方が（A←C）好まれるはずである。しかし人間の判断は
理屈通りにはいかず、AよりもCの方がよい（A→C）という判断を下す場合もあ

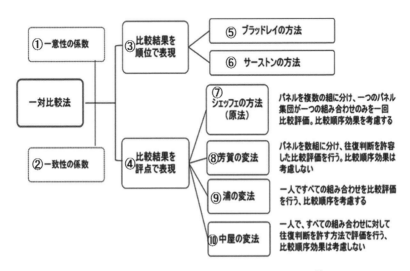

図5-4　一対比較法の代表的な方法　文献13）図を改変[13]

t が奇数の時：ζ ＝1－ 24d/（t³－t）
t が偶数の時：ζ ＝1－ 24d/（t³－4t）
t ：試料数
d ：一巡三角形の数

図 5-5(1) 一巡三角形　　　　図 5-5(2) 一意性の係数の式

る（図 5-5(1)）。このように矢印が一巡している三角形を一巡三角形という。

試料数 t と一巡三角形の数 d により、以下の図 5-5(2) の式で一意性の係数 ζ が求められる。

なお、一巡三角形が存在しない時すなわち判断に全く矛盾がない時、$\zeta＝1$、となる。また、一巡三角形の数 d は、下記の (23) 式によって求めることができる。

$$d = \frac{1}{6}t(t-1)(t-2) - \frac{1}{2}\sum_{i=1}^{t} a_i(a_i - 1)$$

（t：試料の数　a_i：各頂点から外に向かっている矢印の数）

$$\cdots\cdots\cdots\cdots\cdots\cdots\cdots (23)$$

一巡三角形の存在の原因は、1) 判断のふらつき、2) 評価が一次元的でない、3) 試料の差がほとんどない、4) 試料に組み合わせ効果がある場合などが考えられる。

＜検定＞ $t \leqq 7$ のとき、一巡三角形の数 d が表 5-20 に表示されている有意水準5％の限界値 $d_{0.05}$ の数以下（$d \leqq d_{0.05}$）の場合、識別能力がある（試料間に識別しうる差がある）と判断する。$t ＞ 7$ の時は、以下の (24) 式より χ^2 検定を行い、得られた χ^2 値が $\chi^2 (f, \alpha)$ 以上であれば、有意水準 α で識別能力がある（試料間に識別しうる差がある）と判断する。なお、t が5以下の場合は、$d＝0$ であっても有意水準に達しない。

$$\chi^2 = \frac{8}{t} - 4\{t(t-1)(t-2)\} + f$$

$$f = \frac{t(t-1)(t-2)}{(t-4)^2} \qquad \cdots\cdots\cdots (24)$$

表 5-20　有意水準5％
の限界値
（t＝6と7の場合）

t	6	7
$d_{0.05}$	1	3

5．3　一致性の係数U　（coefficient of agreement U）[14]

　n 人で判断したデータをもとにその判定の一致度を見るための解析手法である。すなわち、n 人の評価者がそれぞれ t 個の試料を一対比較法で評価した時、評価者全員の判定の一致の度合いの程度を示すのが一致性の係数である。

　今、試料 S_i と S_j の比較において、n 人のうち X_{ij} 人が試料 S_j に反応し、残りの $n-X_j$ 人が試料 S_i に反応したとする。そこで n 人を2人ずつ組にして考えた時、全体の組合せの中で、反応が一致した組の数を Σ とすると、<u>一致性の係数U</u>は (25) 式で与えられる。

$$U = \frac{2\Sigma}{{}_nC_2 \times {}_tC_2} - 1$$

$$\Sigma = {}_nC_2 \times {}_tC_2 - \sum_{j>i} X_{ij}(n - X_{ij}) = {}_nC_2 \times {}_tC_2 + \sum_{j>i} X_{ij}^2 - n\sum_{j>i} X_{ij}$$

$$\cdots\cdots\cdots\cdots\cdots\cdots (25)$$

　n 人の判定が完全に一致した時 $U = 1$、

　n 人の判定が半々の時、n が偶数ならば $U = -1/(n-1)$

　　　　　　　　n が奇数ならば $U = -1/n$　　　となる

　＜検定＞　Σ の値が、表 5-21 と比較して $\Sigma \geqq \Sigma\,(0.05)$ ならば n 人の判定者間に判断の一致性があるものと判断する。

　＊nはパネル数、tはサンプル数、Σ が表の値以上の時、有意。

表 5-21　一致性の係数 U の Σ による検定表（有意水準 $\alpha = 0.05$）

t n	3	4	5	6
3	9	14	22	30
4	14	24	40	55
5	22	38	60	
6	31			
7	41			
8	52			

　表にない場合は、χ^2 値、自由度 f の χ^2 分布に従うことを用いて検定する（(26) 式）。

$$\chi_0^2 = \frac{4}{n-2}\left(\Sigma - \frac{1}{2}\,{}_nC_2 \cdot {}_tC_2 \cdot \frac{n-3}{n-2}\right)$$

$$自由度 \quad f = {}_t C_2 \cdot \frac{n(n-1)}{(n-2)^2}$$

$$\cdots\cdots\cdots\cdots\cdots\cdots(26)$$

5．4　ブラッドレイの一対比較法（Bradley's Paired Comparison）[13]

　k 個の試料の各対の組み合わせのうちどちらがよいのかの選択データを n 人の合計結果から尺度値を得る。事例として、4試料を専門パネルn＝2が 5回反復した以下の表 5-22 の結果（よい方に○、悪い方に×）を用いて考え方と検定の手順を示す。

　本方法では、データ度数の相対頻度にロジットモデルを適用して間隔尺度を算出し、検定は χ^2 検定により行う。

　ブラッドレイは、試料 A_1〜 A_4 に判定比 π_1 〜 π_4 を対応させて、A_1 が A_2 よりよいと判定する確率 $\pi_{12} = \pi_1/(\pi_1 + \pi_2)$ によって与えられると考えた。

　そこで、①として表 5-23 を作成し、より A_i がより好まれる各試料の評価データ度数 f_i を算出する。

表 5-22　4試料の5反復評価（n=2）の結果表

組み合わせ	(A_1	A_2)	(A_1	A_3)	(A_1	A_4)	(A_2	A_3)	(A_2	A_4)	(A_3	A_4)
	A_1	A_2	A_1	A_3	A_1	A_4	A_2	A_3	A_2	A_4	A_3	A_4
反復	○	×	×	○	×	○	×	○	○	×	○	×
	○	×	×	○	×	○	×	○	×	○	×	○
	×	○	×	○	×	○	○	×	×	○	○	×
	×	○	○	×	○	×	○	×	×	○	×	○
	×	○	○	×	×	○	×	○	×	○	×	○
○の数	2	3	2	3	1	4	2	3	1	4	2	3

表 5-23　① 評価データ度数

	f_{ij}				f_i
	A1	A2	A3	A4	
A1	—	2	2	1	5
A2	3	—	2	1	6
A3	3	3	—	2	8
A4	4	4	3	—	11

次に、②として上記の判定比を推定すると、以下の様になる。

$$\pi_1 = 0.12 \quad \pi_2 = 0.17 \quad \pi_3 = 0.25 \quad \pi_4 = 0.46$$

＜検定＞「4試料間に差がない」を帰無仮説として検定する。

$$B_1 = 2 \times \left\{ n \sum_{i=1}^{t} \sum_{j>i} \ln(\pi_i + \pi_j) - \sum_{i=1}^{t} f_i \ln \pi_i \right\}$$

$\chi_0^2 = nt(t-1)\log_e 2 - B_1 = 0.69315nt(t-1) - B_1$ を求める。

この値を自由度 t-1 の χ^2 分布の5％点と比較して、$\chi_0^2 \leqq \chi^2(t\text{-}1)\text{-}B_1$ ならば、試料間に差があると考える。

上記事例の数値を代入し算出すると、B_1=37.20、χ_0^2 =4.39 となり、自由度3の χ^2 分布の5％点は、7.81 であるので、4試料間に差がないと結論される。

5．5　サーストンの一対比較法 （Thurston's Paired Comparison）

サーストンの一対比較法は、ブラッドレイの一対比較と比較判断の考え方が異なる。k 個の試料の各対の組み合わせ n 人のある判定基準（好き・強度など）からの選択比率の結果から、正規分布の仮定にしたがって尺度値を得る。この方法は、「サーストンの比較判断の法則」に基づいており、各試料のそれぞれの心理的強度の実測値における主観的バラツキも正規分布すると考える。この平均値の差も判断連続体として正規分布すると考えられ、比較判断がされる。

本手法では、データ度数の相対頻度に標準正規分布を適用したプロビットモデルから間隔尺度を算出し、心理尺度を構成する各項目が全体として同じ概念を測定しているかどうかの内的整合性の検定を χ^2 検定により行う。[13]

具体的には、観測度数から選択されたデータ度数を相対頻度の選択率に変換し、選択率から標準正規分布における逆関数を求め Z スコアに変換する。Z スコアはデータを標準化した指標で、このスコアをもって異なるデータの群を

	A1	A2	A3	A4	A5
A1		43	37	33	22
A2	7		25	16	10
A3	13	25		16	14
A4	17	34	34		15
A5	28	40	36	35	

n-50
一対比較評価
結果一覧表a

選択率へ変換 →

	A1	A2	A3	A4	A5
A1		0.86	0.74	0.66	0.44
A2	0.14		0.50	0.32	0.2
A3	0.26	0.50		0.32	0.28
A4	0.34	0.68	0.68		0.30
A5	0.56	0.80	0.72	0.70	

標準正規分布の%点に変換し、尺度値を求める

	A1	A2	A3	A4	A5
A1		1.08032	0.64335	0.41246	-0.15097
A2	-1.08032		0.00000	-0.46770	-0.84162
A3	-0.64335	0.00000		-0.46770	-0.58284
A4	-0.41246	0.46770	0.46770		-0.52440
A5	0.15097	0.84162	0.58284	0.52440	
尺度値	-0.57986	0.41972	0.35018	-0.13700	-0.64962

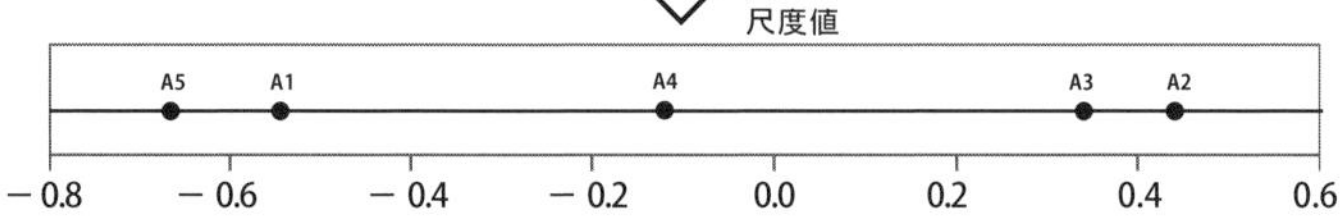

尺度値

A5 A1 　　　　 A4 　　　　 A3 A2

－0.8　－0.6　－0.4　－0.2　0.0　0.2　0.4　0.6

図5-6　サーストンの一対比較法による尺度構成の手順

同列に扱うことが可能となる。最終的にはZスコア行列による各観測変数の列平均値が尺度値となる。

　図5-6の左上に示した事例は、パネル（$n=50$）が試料A1～A5の5試料を一対比較法ですべての対の好ましい方を評価選択した結果の集計表aである。このデータ度数を始点とした上記手法で尺度構成する手順と結果を、図5－6にまとめて示した。

5.6　シェフェの一対比較法（Scheffé's paired comparisons）[13]

　本法は一対比較法において、対にした2試料間のおいしさや強度を判断するだけでなく、どの程度おいしいのか、どの程度強いのかを評価する。試料の組合せや試食順序などの影響も要因としてとらえることが出来る。

　これらの一対比較の結果を尺度評定し、分散分析による各要因の検定にもち込む手法である。分散分析では、主効果と順序効果や組合せ効果や個人との交互作用の検定を行い、試料間の評価について判断の基準とする。

（1）シェッフェ法の要素

1）評価試料対の数： $_tC_2 = t(t-1)/2$ 通り（$t=$ 試料数）

2）評価尺度： 評価に応じた尺度を設定する必要があり5段階で試料 Ai と Aj の比較において Ai → Aj の順に比較した場合、以下の様なカテゴリー尺度によって評価する。（7、9段階でも良い）

　　　　＋2点：Ai の方が Aj より好き
　　　　＋1点：Ai の方が Aj よりやや好き
　　　　　0点：同じくらい
　　　　－1点：Ai の方が Aj よりやや嫌い
　　　　－2点：Ai の方が Aj より嫌い

3）主効果： 分散分析における検定の要因（試料間の尺度値の違いの程度）を表わし、有意に差が認められるときは主効果ありとする。

4）組合せ効果： 2個の対 A_iA_j と A_iA_k の試料間で、A_j あるいは A_k の特性の影響を受けて、A_i の評価が過大あるいは過小評価される傾向、または、評価側面が異なってしまう傾向のことをいう。

5）順序効果： 2 個の試料を経時的に呈示したときに、先の試料あるいは後の試料を過大評価する傾向をいう。外観評価や布の手触りなど左右同時に比較できる場合には考慮する必要がないが、食品などのように評価に時間的順序があり同時にできない場合には比較順序（$A_i \Rightarrow A_j$、$A_j \Rightarrow A_i$）を考慮した評価、すなわち、順序効果を考慮する。先と後の試料の評価間の有意差検定を行う。

6）個人： 主効果×個人は、主効果と個人と交互作用を表している。

（2）シェッフェ法の種類

シェッフェの原法と変法を含め4種類の方法がある。

1）シェッフェの原法 (Scheffe's Paired Comparison)

評価者を複数の組に分け、一つの評価者集団が一つの組み合わせのみを一回評価する。比較順序（$A_i \Rightarrow A_j$、$A_j \Rightarrow A_i$）を考慮する。分散分析で主効果、順序効果、組合せ効果を検定する。

2）芳賀の変法（Haga's Paired Comparison）

対の2試料を同時に提示して順序効果を無視できる場合に使われる。評価者を数組に分け、各組に一対の試料を割り当て1人1回の評価を行う。分散分析で、主効果、組合せ効果を検定する。

3）浦の変法（Ura's Paired Comparison）

1人の評価者が試料のすべての組合せに対して1回評価を行い、人数を繰り返しとする方法で、比較順序を考慮する。分散分析で、主効果、組合せ効果、順序効果、主効果×個人、順序×個人を検定する。

4）中屋の変法（Nakaya's Paired Comparison）

1人の評価者が、試料のすべての組合せに対して順序効果は考慮せず1回ずつ判断し、人数を繰り返しとする方法である。分散分析で、主効果、組合せ効果、主効果×個人を検定する。

（3）シェッフェ法の解析

1）各要素の構造：A_iを先にA_jを後に見た1人目の評点を x_{ijl} とする構造を仮定する。

$$x_{ijl} = \underline{(\alpha_i - \alpha_j)} + \underline{\gamma_{ij}} + \underline{\delta_{ij}} + \underline{\varepsilon_{ijl}}$$

A_i の平均的好ましさ　　　組合せの影響　　　順序の影響　　　個人判定の誤差

２）**解析の手順**：以下の事例を用いて原法の解析手順について記載する。

> 3種のコーヒー A1，A2，A3 について、評価者 16 名の各グループが 5 段階尺度を用いて提示順序を配慮して、すべての対の「おいしさ」について評価を実施した。

(1) 採取データを 表 5-24 のように集計する

表 5-24　官能評価結果の集計表順

	評点の度数					計	$xij\cdot^2$
	N_{-2}	N_{-1}	N_0	N_1	N_2	$xij\cdot$	
	-2	-1	0	1	2		
$A_1 \to A_2$	0	0	5	8	3	14	196
$A_2 \to A_1$	0	6	6	4	0	-2	4
$A_1 \to A_3$	10	2	4	0	0	-22	484
$A_3 \to A_1$	1	1	4	6	4	11	121
$A_2 \to A_3$	5	3	3	3	2	-6	36
$A_3 \to A_2$	2	2	3	1	8	11	121
計	18	14	25	22	17	6	962　$= \Sigma (xij\cdot)^2$

(2) 表 5-24 の $xij\cdot$ を、表 5-25 のように展開し、以下を求める

①各試料の平均嗜好度 $\widehat{\alpha}_i$ を、母数推定式により算出する

②主効果（試料に対する嗜好度の効果）の平方和 S_a を求める。

表 5-25　主効果の分散の集計表

i ＼ j	(1)			(2)	(3)	(4)	(5)
	1	2	3	$x_{i\cdot\cdot}$	$x_{\cdot j\cdot}$	$x_{i\cdot\cdot} - x_{\cdot j\cdot}$	$(x_{i\cdot\cdot} - x_{\cdot j\cdot})^2$
1		14	-22	-8	9	-17	289
2	-2		-6	-8	25	-33	1089
3	11	11		22	-28	50	2500
計	9	25	-28	6	6	0	3878
	$x_{\cdot j\cdot}$			$x\ldots$	$x\ldots$		$\Sigma (x_{i\cdot\cdot} - x_{\cdot j\cdot})^2$

(5)は、(4)列の2乗値を記入し合計を算出→　主効果の分散算出に使用

① $\widehat{\alpha}_i = (X_i\cdot\cdot - X_{\cdot j\cdot})/2tn$ （t:試料　n:繰返し数）

各試料の推定値は以下。

i=1：$-17/96 = -0.224$，　2：$-33/96 = -0.434$，　3：$50/96 = 0.658$

② $S_a = \Sigma_i (X_i\cdot\cdot - X_{\cdot j\cdot})^2 / 2tn = 3878/96 = 40.398$

(3) 表 5-25 の X_{ij} を表 5-26 のように展開し①組合せ効果の推定値 $\widehat{\gamma}_{ij}$ と
②平方和 S_γ を求める。

① $\widehat{\gamma}_{ij} = (X_{ij\cdot} - X_{ji\cdot}) / 2n - (\widehat{\alpha}_i - \widehat{\alpha}_j)$

② $S_\gamma = (1/2n) \Sigma \Sigma (X_{ij\cdot} - X_{ji\cdot})^2 - S_\alpha = 1634/32-40.398=10.665$

表 5-26　組合せ効果の分散の集計表

i \ j	(1) X ij·			(2) X ij· − Xji·			(3) (X ij·− Xji·)²		
	1	2	3	1	2	3	1	2	3
1		14	-22		16	-33		256	1089
2	-2		-6			-17			289
3	11	11							

$(3) \sum_i \sum_{i<j} \left(X_{ij\cdot} - X_{ji\cdot} \right)^2 = 1634 \rightarrow$ 組合せ効果の分散

(4) 表 5-27 に、順序効果をまとめ、①順序効果の推定値 $\widehat{\delta}_{ij}$ と②平方
和 S_δ を求める。

① $\widehat{\delta}_{ij} = (X_{ij\cdot} + X_{ji\cdot}) / 2n$

② $S_\delta = (1/2n) \Sigma \Sigma (X_{ij\cdot} - X_{ji\cdot})^2 = 290/32 = 9.063$

表 5-27　順序効果の分散の集計表

i \ j	(1) X ij·			(2) X ij· + Xji·			(3) (X ij· + Xji·)²		
	1	2	3	1	2	3	1	2	3
1		14	-22		12	-11		144	121
2	-2		-6			5			25
3	11	11							

$(3) \sum_i \sum_{i<j} (X_{ij\cdot} + X_{ji\cdot})^2 = 290 \rightarrow$ 順序効果の分散

(5) ①誤差の平方和 S_e と②総平方和 S_t は、以下の式で求められる。

① $S_e = S_T - (1/n) \Sigma X_{ji\cdot}^2 = 176-962/16= 115.875$

② $S_T = 2^2(N_{-2} + N_2) + 1^2 (N_{-1} + N_1) = 4(18+17)+(14+22)= 176$

(6) **各要因の自由度**は、以下の式で求められる。

$$S_\alpha = t - 1 = 2 \qquad\qquad S_\gamma = (t-1)(t-2)/2 = 1$$
$$S_\delta = t(t-1)/2 = 3 \qquad\quad S_e = t(t-1)(n-1) = 90$$
$$S_T = t(t-1)n = 96$$

(7) 以上の結果を、表 5-28「**分散分析表**」にまとめる。

不偏分散は、各要因の平方和をその自由度で、各分散比（F 値）は、各不偏分散を誤差の不偏分散で、それぞれ除して算出する。その有意確率 p は、F 表あるいはエクセル関数から求める。本事例では、主効果と組合せ効果に有意差が認められた。

表 5-28　分散分析表

要因	平方和	自由度	不偏分散	分散比（F値）	
主効果	40.396	2	20.198	15.688	***
組合せ効果	10.667	1	10.667	8.285	**
順序効果	9.063	3	3.021	2.346	
誤差	115.875	90	1.288		
総平方和	176.000	96			

（ *** : $\alpha < 0.001$,　** : $\alpha < 0.01$）

(8) **多重比較**

分散分析の結果、有意差が認められた主効果のどの α_i と α_j の間に有意差があるかを特定する。まず、比較のための規準のヤードステック Y_ϕ を計算する。その値より大きい差がある試料間に有意差があるとみなす。

$$Y_\phi = q_\phi \sqrt{\sigma^2(2nt)}$$

> ϕ：有意確率
> q_ϕ：スチューデント化された範囲（$q_\phi t, f$）
> 　　　（t:試料数　f:分散分析表の誤差の自由度）
> σ^2:分散分析表の誤差の不偏分散）

有意確率 ϕ =0.05,0.01 にとる。<u>スチューデント化された範囲 q (t , ϕe :0.05,0.01) 表</u>を参照すると、t = 3、f = 90 に対する$q0.05$ = 3.40、$q0.01$ = 4.28 ＊）であるので、

$$Y_{0.05} = 3.40\sqrt{1.288/2*16*3} = 0.394$$

$$Y_{0.01} = 4.28\sqrt{1.288/2*16*3} = 0.496$$ となる。

　＊）スチューデント化された範囲 q （ t , ϕe ： 0.05) 表には、f=90 がな いので、60 を代用

　そこで、$|\alpha_i - \alpha_j|$を算出すると以下のようになり、試料 A1とA3およびA2とA3の間に有意差があることとなる。図 5-7 に、評価値の結果の図を示す。

$$|\alpha_1 - \alpha_2| = |-0.224 - (-0.434)| = 0.210 < Y_{0.05}$$
$$|\alpha_1 - \alpha_3| = |-0.224 - 0.658| = 0.882 > Y_{0.01}$$
$$|\alpha_2 - \alpha_3| = |-0.434 - 0.658| = 1.092 > Y_{0.01}$$

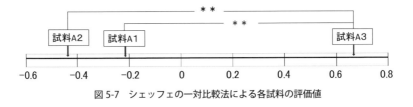

図 5-7　シェッフェの一対比較法による各試料の評価値

6．採点法・記述分析

6.1　採点法 （Scoring）

　採点法とは、与えられた1種以上の試料 (刺激) を、評価者自身の経験を通して指示された評価尺度（1 ～ 5、-3 ～ +3）などの数値尺度により、その品質特性（味の強度、好みの程度など）を点数によって評価する方法である。パネルは、数値（採点）間の心理的間隔が等しくなるような判断が求められる。

（1）絶対評価と相対評価

① <u>絶対評価</u>は、各個人の主観的尺度が判断基準となり、同一人において
も時間や環境により尺度変化が起きる可能性がある。

② <u>相対評価</u>は、標準品間や二点提示評価として比較されるので、2試料間
との距離により判定され、変動は絶対評価より少ない場合が多い。

（2）評価方法とパネル

① 2試料の場合は、1）評価者は1試料のみ評価（パネル数：n1+n2）、2）
評価者は2種の試料を評価（パネル数：n）

② 3試料以上の場合は、1）評価者は1試料のみ評価（パネル数：t×n）
評価者は全試料を評価（パネル数：n）

③ 試料数が多数の場合には、<u>つり合い不完備型計画（BIB）</u>による。なお、
評価方法の違いで、解析方法が異なる。[14]

（3）尺度について

評価用語に対応し評価データの数量化のための尺度が必要となる。[15]

① 数値にカテゴリーが全て定義されている場合

　　＜例＞　+2 良い、 +1 やや良い、 0 普通、 -1 やや悪い、 -2 悪い

② 数値にカテゴリーが一部定義されている場合

　　＜例＞　10 点：品質として最も良い、 9 点、 8 点、 7 点、 6 点、

　　5 点：普通、 4 点、 3 点、 2 点、 1 点、 0 点：品質として最も悪い

③ 数値にカテゴリーが条件を除き全部定義されていない場合

　　＜例＞　好みの度合いを 100 点満点（0～ 100）で採点する。

6.2　QDA 法　(Quantitative Descriptive Analysis)

<u>分析型</u>(Analytical) の<u>記述的試験法</u>(descriptive tests) には、<u>記述試験
法と定量的記述的試験法（QDA 法）</u>がある(JIS Z 9080:2004 p14:ISO 6564
and 11036)。QDA 法は、1974 年に Stone.H. らによって発表され[16]、1993 年

に出版された本[17] により手法とされ、認知されたもので、記述的試験法により確立された用語集を用いて、その感覚を強度として測定し、数値化する。得られた定量的データは情報量が多いため、様々な統計解析手法が適用できる。

（1）QDA法の実際

　新製品の開発、試料間の差異の方法を確立する、品質管理、官能評価値と機器測定値との相関を証明する、などの目的に適している。

　① 評価者の選定

　　　パネルは5名以上の訓練パネルまたは熟練者で行い、必要に応じ、特別な訓練を行う。

　② 用語集

　　　記述的試験法による用語の収集を予め行い、用語集の作成が行われていることが前提である。

　③ 項目と尺度の選定

　　　数値化できる尺度(線尺度等)を用い、統計処理を行う。

　④ 評価と統計処理

　　　QDAの用語は形容詞に限らず、名詞も使用され、次元数のモデルを前提としていないので、データの縮約表現という視点から主成分分析が使用される。評価後は、結果の解釈についての検討を慎重に行う。

6.3　記述的試験法

　試料の全特性に寄与する個々の特性を定量的な分析値を得るために行う方法である(JIS Z 8144)。

（1）記述的試験法の実際

　①評価者の選定

　　　試料の特性を詳細に検討し、試料に寄与する特別な因子を特定する場合は訓練または熟練パネル5名以上、またはそれらの特性間の繋がりを見つ

ける場合は、選抜パネル5名以上で行う。

②用語の収集・選定 (ISO 11035)

　記述的用語について、言葉だしを行い、それらの言葉の頻度や、定義、解釈について、パネルリーダーを中心に討論を行い、用語集を作成する。

③用語から項目と尺度を決定

　用語集より、最も適切な評価の軸となる独立した項目を選定し、尺度を決める。尺度は数値化できるものを用いる。

④評価と統計処理

　強弱を中心に、数値化できる尺度から測定した値を通常の統計処理での平均値の比較、機器分析値との相関、さらに多変量解析を行う。その結果に基づき討論し、結果の詳細の解釈を行う。

6.4　尺度法　(Scale method)[18]

　尺度には、(1) カテゴリ尺度 (structured scale or category scale)、(2) 線尺度 (unstructured scale or line scale) がある。以下はそれらの特徴を示す。

(1) カテゴリ尺度

　感知した官能特性の応答強度を数段階で示す。数字や記述用語（あるいは両方）を各応答カテゴリや両端、あるいは任意のカテゴリに割り当てる。パネリストは1つ、あるいは複数製品における幾つかの官能特性を一度に評価する。

　カテゴリ尺度は、2つの記述用語間で心理学的な距離、つまり隔たりがいつも等しいわけではない。「極めて甘い」「非常に甘い」「かなり甘い」「やや甘い」「ほのかに甘い」「甘くない」の「極めて甘い」「非常に甘い」の心理学的距離と「ほのかに甘い」「甘くない」の距離は必ずしも等しくない。また、他の試料がもっと弱いか強い官能特性を持っているのではないかと考え極端な点を使うことを避ける（中央集中傾向誤差）。カテゴリ尺度を有効に利用するためには、指標 (anchor) を用いて、尺度合わせを行う必要がある。

（2）線尺度

　構造化されていない尺度である。最も多く用いられるものは、各端から 1.5cm に目印 (anchor) と中心点をもつ長さ 15cm の直線である。各目印には通常、強さの程度を示す語句をつける。評価する個々の官能的属性についてはそれぞれ別々の線を用いる。

　パネリストは各評価において、その特性の感知強度を最も良く反映する直線上の位置を垂直な直線でチェックする。評価終了後、左端からパネリストがつけた印までの距離を測る。その距離を各製品に対する強度の評価結果として記録し、解析する。線尺度は、カテゴリ間での距離の問題点を取り除くことができる。

6．5　SD 法 (Semantic differential)

　SD 法（意味微分法）は、オズグッド (1957)[19] により開発された手法である。言語の情緒的意味の測定法である。

（1）SD 法の実際 [20]

1）意味尺度

　あらかじめ用意された 30 前後の形容詞対（意味尺度）ごとに対象（コンセプト）が 5 段階、7 段階で評定される。コンセプトが「イタリアワイン」とした場合、「かろやかな－重々しい」（例：図 5-8）などの評定が数値化される。情緒的意味は何らかのまとまりを持っており、まとまりを細分化する作

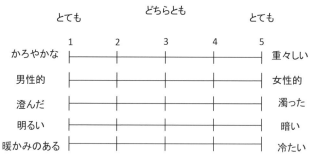

図5-8　意味尺度の例

業を微分とよぶ。複数の各視点は意味尺度の各まとまりを表し、このまとまりを意味空間とよぶ。

2）統計処理

意味尺度間の解析に、プロフィール分析や因子分析が使われる。因子分析の結果から、オズグッドは、<u>評価性</u>（E:evaluation）、<u>力量性</u>（P:potency）、<u>活動性</u>（A:activity）の3次元空間構造としてその対象の意味をまとめることが出来ると考えた。

3）食品への応用

評価の階層性の考え方からある食品と接して感じた情緒的側面の総合評価としてのまとまりを明らかにする方法であり、属性を特定する方法として適しているとはいえず、製品の印象を測定する方法といえる3)。

7．動的官能評価法

7．1 TI法 （Time-Intensity）

<u>TI法</u>は、Lee & Pangborn (1986) によって提唱された、一つの感覚特性が時間経過に伴ってどのように変化するかを評価する手法[21] である。一般の官能評価方法を静的とすると、TI法は、点としての時間ではなく連続点としての評価を行うので、持続性や後味など、口中で刻刻と変わる感覚特性の強度変化や、相互作用を捉えることが出来、より人間の感覚に近づいた評価が行える。

（1）TI法の実際[22]

持続性のある味と消えが早い味、などの個々の項目の経時変化を明らかにする、また要素が複雑な項目では、何がどの時点で優先されているか、などの評価を行うことが出来る。

タイムキーパーが時間を測定しながら、その時々で評価を進めることも出来

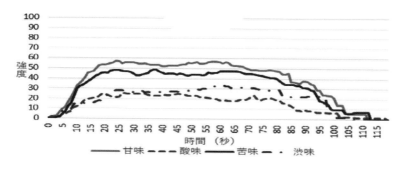

図 5-9　チョコレートの甘味、酸味、苦味、渋みの TI 曲線

るが、近年では、汎用性のある通信機器等にインストール出来るソフトウエア
も開発されている[23]。

　図 5-9 は、チョコレートの TI 法による味強度の変化測定結果を、味別に示
したものである。TI 曲線から得られるデータは、味ごとに Tmax（強度が最大
値に達するまでの最短時間）、Imax（ピークにおける最大強度）、AUC（TI
曲線下の面積）、Dtot（全持続時間）が得られる。

　図に示したデータは上から順に甘味、苦味、渋味、酸味となっており、
Tmax(秒) は、甘味 39.1、酸味 39.3、苦味 46.9 渋味 48.8 で、甘味、酸味、
苦味、渋味の順に最大値に達したことがわかる。

　また、Imax は順に 63.0、35.1、56.5、43.3 で甘味、苦味、渋味、酸味の
順に強く、AUC は、順に 4566.6、1790.2、3816.5、2370.2 で強度の強い順に
面積も大きかったことがわかる。

　さらに、Dtot は、順に 91.6、87.2、90.7、83.9 で全持続時間は、甘味、苦味、
酸味、渋味の順で、以上の結果より、チョコレートの主たる味は甘味であるが、
次に苦味が徐々に出てきて、酸味と渋味は弱いが、酸味が消えが早いのに対
し、渋味は続くことがわかる。

（2）TI 法の特徴

　TI 法では、時間経過による差はみられるが、1つの試料に時間を要するた
め、スケール合わせを良く行っておかないと試料ごとの値がずれてしまう可能

性がある。そこで、静的な官能評価と併用して多角的に評価を行うことが良い。その他のパラメータとして、Iarea(TI 関数の曲線下の面積）、Darea（TI 関数の曲線の増加曲線下の面積）、増加回帰曲線の傾き、下降回帰曲線の傾き、Dmax（Y 軸の値が 0.9 × Imax より高い時の時間間隔）についても測定可能である。

7．2 TDS 法 （Temporal Dominance of Sensation）

TDS 法は、時間の経過に伴う感覚強度の変化過程を測定する手法の一つで、複数の感覚の時間経過に伴う変化を同時に測定できる手法である[24]。TI 法に比べてパネリストの熟練をそれ程要しない測定法といわれている。

TDS 法では、パネリストは、試料が提示されたら複数の感覚属性の中から一番注意を引いた感覚属性に対応するボタンを押し、以後は、一番注意を引いた感覚属性が変化する度毎に、新たな感覚属性のボタンに押し替えることを繰り返す。

測定が終了したら、感覚属性ごとに全パネリストの全繰り返しデータをまとめて、時間単位ごとに各属性のボタンが押された度数を数え上げ、それぞれの感覚属性が他の感覚属性よりも注意を引いた割合（優位比率）を求め、その優位比率が時間の経過と共にどのように変化したのかを曲線（TDS 曲線）で表示する[24]。

図 5-10 は、乳製品を食した時の味の強度の時間的変化を測定した時の TDS 曲線の例である[23]。図に2本の点線が引かれているが、上の点線（P_s）は、優位比率が統計的に有意となる（チャンスレベルよりも有意に高くなる）最小の値を示し、下の点線（P_o）はチャンスレベル（各属性が等確率で選択される場合の比率）を示す（この例の場合は、感覚属性の数は 10 個なので、チャンスレベルは 0.1 になる）。

P_s は (27) 式で与えられる。

$$P_S = P_o + 1.645\sqrt{P_o(1 - P_o)/n}$$

$$\cdots\cdots\cdots\cdots\cdots\cdots(27)$$

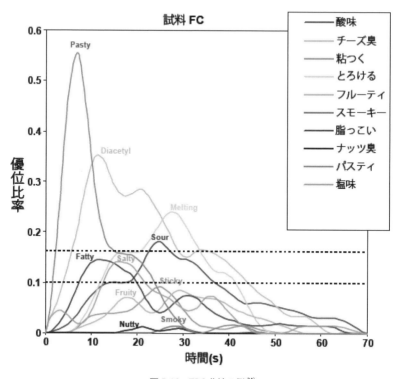

図5-10　TDS曲線の例 [24)]

　なお、(27) 式は、2項分布を正規近似した式から求めたものである。

　また、TDSでは、各感覚属性について2つの試料間の母比率に差があるか
どうかを、時刻毎に検定する。ここでは、2つの試料間の母比率の差が有意と
なる最小の値（最小有意差）を (28) 式により求める。なお、この検定においては、
一方が他方よりも母比率が大きいかを問題にするのではなく、2つの試料間に
有意差があるかを問題にするので、両側検定になる。

$$P_{tdiff} = 1.96\sqrt{(1/n_1 + 1/n_2)P_t(1 - P_t)}$$

$$\cdots\cdots\cdots\cdots\cdots\cdots (28)$$

ここで、1.96は両側検定における危険率5%に対応するZ値を示す。その

他の記号の意味は、下記のとおりである。

P_{tdiff}：時刻 t における最小有意差（危険率5％）

n_1：試料1を評価した時のパネル数×繰り返し数

n_2：試料2を評価した時のパネル数×繰り返し数

P_t：P_t=(P_{1t} n_1+P_{2t} n_2)/(n_1+n_2)

P_{1t}：時刻 t における試料1の生起比率

P_{2t}：時刻 t における試料2の生起比率

なお、図 5-10 の TDS 曲線のグラフの横軸は、試料を口に入れてからの経過時間で、最大70秒であるが、実験条件によっては、試料を嚥下するまでの時間がパネリストによって一定でないときもある。その場合にグラフの横軸を相対的な経過時間として、最大 100 に基準化して TDS 曲線を表示する方法もある。

【引用文献】
1）大越ひろ、神宮英夫：6官能評価基礎編（付表）、食の官能評価入門
2）市原茂（2018）、官能評価の統計解析（2）、調理科学会誌、51 1-5
3）古川秀子：3官能検査の方法および解析表（付表）、おいしさを測る
4）ISO8587 Sensory analysis – Methodology Ranking – (2006)
5）市原茂：1. 官能評価とは、『製品開発に役立つ感性・官能評価データ解析 -R を利用して-』. 市原茂・梶谷哲也・小松原良平著、メディア・アイ、東京、pp.24-28（2019）
6）佐藤信 官能評価入門 日科技連 (1993)
7）Agresti, Alan："A Survey of Exact Inference for Contingency Tables". Statistical Science 7 (1): 131-153 (1992)
8）データ科学便覧 理論関連事項 確率分布
  https://data-science.gr.jp/
9）SAS Institute Inc., JMP pro14.2.0：Basic Analysis, (2018)
10）森敏昭、吉田寿夫：「心理学のためのデータ解析テクニカルブック」、北大路書房、(1991)
11）島村綾、小泉昌子、峯木眞知子、市原茂：飯の官能評価の時系列変化. 日本家政学会誌, 68, 9, 478-485 (2017)
12）市原茂：官能評価の統計解析 (3). 日本調理科学会誌, 51, 2, 119-124 (2018)
13）日科技連官能検査委員会編：新版「官能検査ハンドブック」, 日科技連出版社 (2007)
14）古川秀子：おいしさを測る, 幸書房 (1994)
15）古川秀子, 上田玲子：改訂 続おいしさを測る, 幸書房 (2019)

16）H.Stone, J.Sidel, S. Oliver, A.Woolsey, & R.C.Singleton. (1974) Sensory Evaluation by Quantitative Descriptive Analysis. Food Technology 24-35 Nov.

17）H.Stone, J.Sidel.(1993) Sensory Evaluation Practices 2nd ed., Academic Press, San Diego

18）相 島 鐵 郎 訳 L.M.Poste, D.A.Mackie, G.Butler, & E.Larmond(2001) Nippon Shokuhin Kagaku Kogaku Kaishi 48(6) 453-466.

19）C.E.Osgood, G.J.Succi, & P.H.Tannenbaum(1957) The measurement of meaning. Urbana:University of Illinois Press.

20）大越ひろ・神宮英夫編著　食の官能評価入門　光生館 (2009)

21）W.E.Lee,& R.M.Pangborn(1986) Time-Intensity: The temporal aspects of sensory perception, Food Technology,49(11),71-78.

22）石川友利香、吉田かな美、星野亜由美、飯田文子　日本官能評価学会誌 23 巻 1 号 14-25 （2019）

23）J-SEMS.TDS&TI （株式会社メディア・アイ）

24）Pineau, N, et al.：Temporal dominance of sensations: Construction of the TDS curves and comparison with time-intensity. Food Quality and Preference, 20, 450-455 (2009)

第6章 多変量解析

1．多変量解析の全体像

1.1 官能評価での多変量解析

　人がある食品を食べたときに、味だけを感じるわけではない。香りやパッケージデザイン、そして歯ごたえや箸でつまんだときの触感など、多様な感覚が生起する。さらに、味も、甘味だけを意識するわけではなく、塩味や辛さなどの多様な味覚が意識される。このように、食品からは多様な情報が与えられる。さらに、美味しいやもっと食べたいや次も買ってみようなどの、多様で複合的な情報も感じることになる。

　このように考えると、その食品のレシピに対応する物理的属性の側面と、これらに直結する味などの個別評価、さらにもっと食べたいや好き嫌いなどの総合評価、という評価の階層性を想定することができる（図6- 1）。

　ものが持つ多様な情報を人は受け取るが、これらは量的に表現することができる。感じた甘さの強さの値や、もっと食べたいのもっとの程度など、であり、これらは多変量と呼ぶことができる。解析は、多様な情報を整理して、全体像を理解するという意味がある。整理するためには、多様なものを分類する必要がある。ところ

図 6-1　評価の階層性

が、分類を細くすればするだけ多様になるので、似たものを取り込むという視点も必要になる。さらに、分類に際して、因果的な関係性の視点で分けることも行われる。これらの分類と取り込みで、全体の構造が明確になる。このような目的が多変量解析にはある。

1．2　3次元データの2次元化

　ひと・もの・こと、あるいは評価者・サンプル・評価語からなる3次元のデータ行列が、官能評価では通常得られる。多変量解析で使用するデータ行列は2次元が基本であるので、これらをそのままで一度に分析することは難しい。そこで、3次元のデータ行列を2次元化する必要がある（図6-2）。この2次元化には、5つの可能性がある。

　まず、評価者の平均値を使って、サンプルと評価語との2次元データ行列からサンプル間の関係あるいは評価語間の関係が分析される（ア）。評価者の平均を計算するということは、他の統計分析でもよく使われている。評価者の

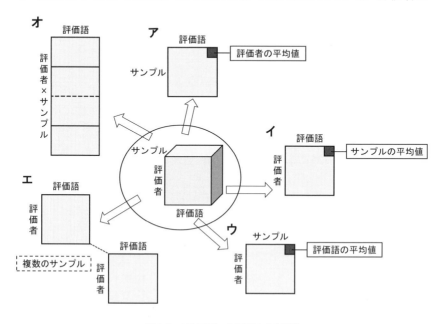

図6-2　3次元データ行列の2次元化

違い、つまり個人差を平均することでなくそうとしている。また、複数のサンプルの平均値を使って、評価語と評価者の2次元データ行列から、評価語間の関係や評価者間の関係が分析される（イ）。これは、たとえば同じペットボトルの緑茶ということで、この種のサンプルを、評価者はどのような受け止め方をしているかを明らかにすることになる。さらに、複数の評価語の平均値を求めて、サンプルと評価者の2次元データ行列から、サンプル間の関係や評価者間の関係が分析される（ウ）。このことによって、複数のサンプルの直接比較が可能になる。もちろん、各サンプルでの、評価語と評価者との2次元データ行列から、それぞれの評価語間の関係や評価者間の関係が分析される（エ）。これは、サンプル間に評価構造上の違いがあり、それぞれの受け止め方に特徴があるということが前提となっている。なお、すべてのデータ行列を縦につなげて超縦長行列を構成して、2次元データ化することもある（オ）。このことで、評価語、サンプル、評価者のそれぞれで、複数の関係を解析することができる。

1.3 多様な多変量解析

多変量解析には、多くの種類がある。表6−1には、主な多変量解析の主な手法を分類した。基本的な考えは、まず、目的変数（従属変数）があるかどうかということである。

簡略に表現すると、原因の探索や結果の予測をすることが目的の分析には目的変数がある。そして、この変数を説明する変数（説明変数もしくは独立変数）を特定することになる。つまり、因果の関係を前提にした手法ということになる。目的変数がない場合は、変数の分類と似たものを取り込むという、プロトタイプを見つけ出すような手法になる。いずれの発想においても結局は、多くの変数が少なくなることに変わりはない。

次に、分析に用いるデータ（変数）が質的か量的かという分類ができる。質的変数とは、データがカテゴリとしての意味しかない変数のことで、例えば、性別や職業のようなデータがこれにあたる。これらは、便宜上、数値に置き換えることができても、その値で四則計算することはできない。それに対して、

表 6-1　多変量解析の全体像

目的変数＝従属変数		説明変数＝独立変数		多変量解析の目的	
		量的	質的		
あり	量的	重回帰分析	数量化1類	推定	予測
		正準相関分析	コンジョイント分析	組合せの発見	
	質的	判別分析	数量化2類	判別	
なし		主成分分析	数量化3類	統合　整理	要約
		因子分析	コレスポンデンス分析	分類	
		クラスター分析		分類	
		多次元尺度構成法	数量化4類	代表変量の発見	

　<u>量的変数</u>とは、得点や5段階評定値のように四則計算することができる変数
である。

　表6-1には多変量解析の基本的手法が述べられているが、<u>確認的因子分
析</u>や<u>構造方程式モデリング</u>など、実験者の想定したモデルとの適合性を評価
したり、複数の手法を組み合わせた分析手法もある。また、<u>グラフィカルモデ
リング</u>と呼ばれる多変量データの図的な要約を目指す分析方法もある[1]。

　次章以降では、よく用いられる4つの基本的な手法について解説する。それ
らの概要を以下に記す。

　<u>クラスター分析</u>である。2つの変数同士がどれくらい似ているかどうかは、相
関係数を求めればわかる。しかし、変数がたくさんになると相関関係の程度は
さまざまで、その値だけからたくさんの変数をいくつかのグループに単純に分類
するのは難しい。それならば、変数の類似の関係と程度がわかるように並べて
図示してしまおうというのがクラスター分析である。まず、クラスター分析では、
この類似の程度を距離として表している。距離が近いほど似ていることを示し
ている。

　<u>主成分分析</u>である。クラスター分析を用いれば変数や評定者をいくつかの
グループに分けることができる。しかし、実際には、同じグループになったから
といって、完全に同じわけではない。微妙な違いがあったり、別のグループの
特徴を持ち合わせていることもある。主成分分析や次に紹介する因子分析で
は、これらが考慮されている。主成分分析や因子分析では、変数のグループ

化を行えるのみでなく、データの持ついくつかの要素が抽出され、その要素へのそれぞれの変数の貢献度や個人ごとの得点を得ることができる。主成分分析は、測定したたくさんの変数を組み合わせて、それより少ない新しい変数を作ることにより、データの特徴を表す分析である。

　因子分析である。主成分分析は、変数を再構成しなおすことにより、データの特徴を解釈する分析であった。因子分析は、出力結果が主成分分析ととても似ている分析である。しかし、データに潜んでいる要因を探しだそうとする発想の異なる分析である。

　因子分析と主成分分析の違いであるが、因子分析は、よく主成分分析と対比される。全く異なる分析であるという記述もあれば、ほとんど同じような分析であるというような記述もある。この違いは、2つの点に要約できる。

　1つは、計算手法という点で、これはとても似ている。統計ソフトによっては、因子分析の共通性の推定手法の選択肢の中に主成分分析が含まれている場合もある。計算方法上、主成分分析は、因子分析の特殊型ということができる。因子分析では、誤差を取り除き分析するために共通性を推定する。しかし、主成分分析では、誤差や個人差はない、あるいは無視して計算するので共通性は1であり、推定する必要はない。また、回転も行わない。

　2つ目は、分析の発想という点であり、これは全く逆といっていい。主成分分析は、もとの変数を再構築して新しい変数（主成分）を作成する、いわば合成の分析である。それに対して、因子分析は、もとの変数からいくつかの要因（因子）を探し出そうとする、いわば、分解の分析といえる。

　これは、実際の分析の使用において使い分けなければならないポイントとなる。例えば、性格のような未知の概念要素を探し出そうというときには因子分析が適している。これは、データの中からその評定をした評定者の心の構成要素を探しだそうとしている過程といえる。それに対して、収集したデータが何を示しているのか解釈したいときには主成分分析が適している。これは、データを縮約する過程といえる。

　重回帰分析は、これまで解説してきた分析とはだいぶ発想の異なる分析で

ある。これまでの分析は、変数の類似性に注目して変数をまとめるということをしていた。しかし、重回帰分析では、まとめるというよりは、ある特定の変数に影響する変数を探し出そうとする分析である。つまり、原因を見つけ出そうとする分析といえる。また、重回帰分析の大きな特徴として、分析の結果から予測が可能であるという点である。

　私たちは、普通、ある事象や現象がなぜ起こるのか知りたい。そして、予測ができれば製品開発に有効なことは多いであろう。重回帰分析は、原因と結果の因果関係を考えるための分析といえる。このことから、重回帰分析では、結果を表す変数と原因となる結果を説明するための変数が想定される。前者は、従属変数とか目的変数、基準変数と呼ばれる。後者は、独立変数とか説明変数と呼ばれる。重回帰分析で想定されているのは、従属変数が1つで、独立変数が複数ある場合である。

コラム 6-1 QDA 法の結果

　香りの異なる10種の香粧品を評価してもらった。最初に、複数の評価者にこれらの香りを嗅いでもらって、記述的試験法を実施した。この香りを他者に伝えるとしたらどのような表現になるかを、できるだけ多くメモしてもらった。これらを整理して、以下の15の評価語を設定した。

　贅沢な、スッキリした、フレッシュな、やわらかい、凛とした、元気のある、優美な、躍動感のある、爽やかな、スパイシー感のある、紅茶のような、

表 6-a　　15 語の 5 段階評定法の結果

香粧品	贅沢な	スッキリした	フレッシュな	やわらかい	凛とした	元気のある	優美な	躍動感のある	爽やかな	スパイシー感	紅茶のような	草原感	洗練された	華やかな	上品な
1	2.469	2.438	2.375	2.219	2.781	2.219	3.031	2.375	2.719	2.969	2.063	2.406	2.625	2.688	3.000
2	2.194	2.774	2.935	2.290	2.903	2.645	2.548	2.548	2.933	2.419	1.839	2.452	2.226	2.484	2.355
3	2.452	2.500	2.594	2.313	2.844	3.063	3.063	2.313	2.219	2.290	1.906	2.375	2.500	2.781	2.688
4	2.219	2.000	2.281	2.500	2.219	2.313	2.323	2.313	2.250	1.781	1.656	2.063	2.156	2.438	2.387
5	3.000	2.531	2.710	2.375	2.813	2.625	2.844	2.500	2.500	2.750	2.406	2.156	2.563	3.156	3.031
6	2.219	2.313	2.313	2.125	2.313	2.250	2.375	2.219	2.344	3.094	1.969	2.281	2.188	2.156	2.250
7	2.875	2.344	2.531	2.344	2.781	2.344	3.156	2.313	2.563	2.031	2.313	2.281	2.469	3.344	3.188
8	2.469	2.688	2.406	2.406	2.344	2.313	2.469	2.500	2.625	2.500	1.906	2.406	2.563	2.656	2.563
9	2.438	2.438	2.219	2.219	2.219	2.438	2.688	2.125	2.344	2.531	2.875	2.281	2.125	2.719	2.625
10	2.719	3.156	3.000	3.156	2.906	2.375	3.031	2.094	3.000	1.906	2.188	2.625	2.781	3.281	3.344

草原感のある、洗練された、華やかな、上品なであり、単極の5段階評定法を32名の評価者で実施した。得られたデータは、15語、10品、32名の3次元データ行列となる。これを、32名の平均値を求めて図6-2の（ア）で2次元化した。なお、図1の評価の階層性

表6-b　3つの総合評価の VAS 法の結果

香粧品	春の光のような	神秘的な	希望に満ちた
1	37.688	48.813	33.000
2	49.581	37.613	45.677
3	37.419	43.452	39.097
4	37.938	33.719	36.375
5	43.250	38.719	49.625
6	32.844	40.375	33.406
7	45.656	44.781	42.406
8	45.313	45.125	39.125
9	37.094	44.031	41.969
10	63.452	49.871	47.032

の下で、3つの総合評価を設定した。これらは、春の光のような、神秘的な、希望に満ちたであり、10cm の <u>VAS</u>（<u>visual analog scale</u>）法で評価してもらい、始点からの長さを mm 単位で測定し、32名の平均値を求めた。

　これらのデータを使用して、多変量解析の各手法を実施して行く。

2．クラスター分析[2]

2.1 クラスター分析の概要

　科学的手法を用いる場合、一般的に、まず対象となるものを全て集める。次に、それらをバラバラ（要素に分解）にして、それぞれの部分（要素）の共通点や差異について定量的に調べ上げて分類することから始める。これを"要素還元論的な発想"という。つまり、"分類"は科学の基本のひとつだとも言える。

　情報の分野でも情報科学と呼ばれる分野では、一定の目的で集められた（ビックデータに代表される）膨大なデータを、どのように分類するのかという方法やその基準を決めるのはとても難しいために、様々な分野でそれぞれ個別のノウハウがある場合もあるようである。

　そのような情報を、改めて客観的な方法で分類しようとすると、変数が少ないときには相関係数といった一つの尺度（ものさし）を使って、その程度から分類できるかもしれない。ところが、その数が多くなるとそれらの間の関係は急激に複雑になり、相関係数だけから、それらをいくつかのグループに

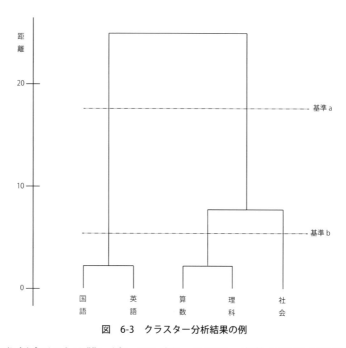

図　6-3　クラスター分析結果の例

単純に分類することは難しくなってしまう。そこで、変数の類似の関係とその程度がわかるように並べて図示してしまおう、と言うのがクラスター分析の基本的な発想となっている。クラスター分析では類似の程度を"距離"として表す。したがって、距離が近いほど似ていることを示すことになる。この分析の結果は、デンドログラム（樹状図）と呼ばれる図 6-3 のような図として表示される。その図では、デンドログラムの高さが変数の距離を表しており、低い位置で線がつながっているものほど距離が近く類似していて、高い位置でつながっているほど距離は遠い（類似していない）ことを表している。

　この図をもとにすると国語と英語、そして、それ以外でまとまりができている。このまとまりのことをクラスターと称す。

　以上のようにクラスター分析は変数や評価の距離に注目して、その程度を図示することで、まとまりを作り出そうとする分析法である。さらに、この分析では、変数や評価についての類似度やクラスター化されていく過程を図的に見ることができるという特徴がある。

2.2 類似の程度の計算方法とクラスターの作成手順

クラスター分析（図 6-3）を行うには、まず、<u>変数間の距離</u>（類似の程度に相当）にどのような指標を用いるのかが問題となる。

一般に<u>平方ユークリッド距離</u>と呼ばれる指標がよく用いられる。これは、2 つの変数間の距離に、ペアとなる 2 つのデータの値の差の 2 乗（絶対値と同様にマイナスの値を無くし、数学的に扱い易くする事を目的にしています）の値を用いる。この距離を全ての値の組み合わせについて求め、<u>変数間の距離</u>として算出する。

各変数間相互の距離を行列形式で記述したものを<u>距離行列</u>と称す（図6-5）。この距離行列の中から距離の近い（値の小さい）ものから順にトーナメント表のように線で結んで<u>クラスター</u>を作成してゆく。

ここで、この手法の基本的な発想に関わる問題が生じる。それは、いくつかの変数のまとまり（クラスター）ができると、クラスターと変数、加えてクラスターの間の距離を何らかの合理的な基準にしたがって決定（算出）する必要があることから生じる（図 6-4）。

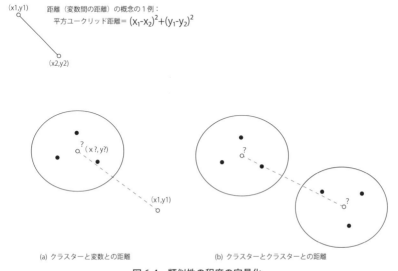

(a) クラスターと変数との距離　　　(b) クラスターとクラスターとの距離

図 6-4　類似性の程度の定量化

図 6-5　クラスター分析の概要と手順

　これらの計算方法にはいくつかの方法が提案されていて、なかでもウォード法と呼ばれる方法がよく用いられている。この方法では、あるクラスターと別の変数あるいはクラスターを合併したときと、合併する前それぞれのクラスターの重心（平均）と変数の差の 2 乗の合計（群内平方和）を求め、その差がもっとも小さくなる合併の組み合わせを、次に合併するクラスターとする。以上のような基準に従ってクラスターを合併していき、すべての変数が 1 つのクラスターになるまで同様の作業を繰り返す。

　なお、本書の例では、仮に変数間の距離に平方ユークリッド距離、クラスター間の距離にウォード法を用いた。

　距離の計算には
　　　①相関係数を用いる方法
　　　②変数間の差の合計を用いるマンハッタン距離を用いる方法
などがある。

　一方、クラスター間の距離には、
　　　①クラスター間でもっとも近くなる変数間の距離を用いる最近接法
　　　②クラスター内の平均を用いる重心法
など、いくつかの方法がある。

　これらの方法により分析の結果は大きく変わってしまうこともあるので、そのような距離の概念を採用するかについては慎重に検討する必要がある。

　一方で、クラスター分析は変数間の距離を何らかの方法で求めることさえで

きれば使用することができるので、順序尺度にも用いることが可能であり、適用範囲の広い分析法と言える。

2.3　分析結果の考察

　クラスター分析により、仮のデンドログラムが得られたとしても変数の分類までは自動的に決定することはできない。変数の分類をするためには、デンドログラムのどの距離（高さ）で区切って分類するのかを、実験者が自分の判断で決めなければならない。ただし、この基準の一般的な決まりはない。

　本書の例では、図6-3の基準aの位置で区切ることで国語と英語、それ以外というように2つのクラスターを採用した。しかし、実験者が異なれば、基準bの位置で区切ることで国語と英語、算数と理科、社会というように3つのクラスターを採用することも考えられる。

　このようにクラスターをいくつ採用するかについては、

　　　①結果としてできるクラスターの解釈のしやすさ

　　　②クラスター間の距離が大きく離れたところで区切る

　　　③クラスターの数が理論的に決定できる場合にはそれに従う

などの基準が用いられる。

　加えて、クラスター分析では、その距離の意味が基準化されているわけではないので、その値を他の分析結果と単純比較することはできない事は注意しなくてはならない。

　以上から、報告書には結果的に作成されたデンドログラムと、そのためにどのような距離を採用したのか、クラスターの作成方法を記載する必要がある。さらに、分類を行った場合には、その基準についても述べなければならない。

　報告書の記載例としては、「本報告では平方ユークリッド距離、ウォード法よるクラスター分析を行い、クラスター間距離の最も大きくなることを基準にして2つのクラスターを採用した」のような記載となる。

コラム 6-2　クラスター分析

　コラム1の表6-aを使用して、クラスター分析を実施した。<u>ウォード法</u>で平方ユークリッド距離を計算して、10種の香粧品のクラスターを構成した。<u>デンドログラム</u>は図6-aである。

　大きく分類すると、香粧品の1、3、5、6、7、9と、2、4、8、10の2グループに分けることができる。計算上は、1、3、5、7と9と6と2、8と4、10の5グループに別れることになる。クラスターとしてまとまった各グループは、15個の評価語の結果から得られた相互の関係が強いもの同士ということになる。あくまでも、単なるグルーピングであり、そのクラスターとしてのグループの意味や内容については、クラスター分析では特定することはできない。

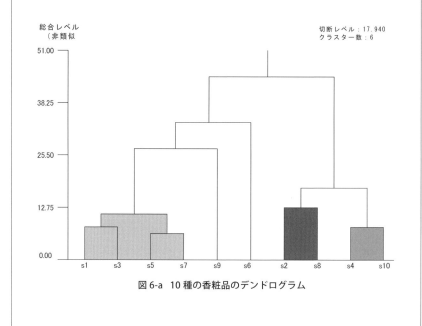

図6-a　10種の香粧品のデンドログラム

3．重回帰分析[2]

3.1　重回帰分析の概要

　科学的手法の特徴として、前述した要素還元論的な発想のほかに、"因果律的な発想"がある。これは、物事が起きるには必ず原因があり、その原因が特定できる、とする考え方である。

　前述したように、重回帰分析は、ある特定の変数に影響する変数と、それ以外の変数を探し出そうとする分析となっている。これは結果に対する原因を見つけ出そうとする、言い換えると現象に関する因果律を見出だそうとする分析となっているとも考えられる。加えて、この分析の結果を用いて未知の現象の予測が可能になるという点が大きな特徴になっている。これは上述したように、科学的手法では、"ある事象や現象がなぜ起こるのかという原因を明らかにしようとする傾向"があることからも重要な手法であると思われる。仮に、因果律が一定の精度で成り立つと考えられる事象では、その原因を定量的に決定することができれば、その結果を定量的に予測することが可能になると考えることも特徴の一つと言える。以上から、科学的手法を駆使する多くの分野で役に立つと考えられる手法になっている。

　たとえば、天気（結果）がなぜ変わるのかという原因を知りたい、と仮定する。すると、これまでにも気温や気圧など天気の変動の原因となる諸条件を次々に明らかにすることで、より精度の高い天気の予測が可能となってきていることを挙げることができる。

　重回帰分析では、結果を表す変数と、原因となる（結果を説明するための）変数が仮定される。ここで、前者は、従属変数とか目的変数、基準変数と呼ばれ、後者は、独立変数とか説明変数、予測変数と呼ばれる。なお、重回帰分析で想定されているのは、従属変数が1つで独立変数が複数ある場合になっている。

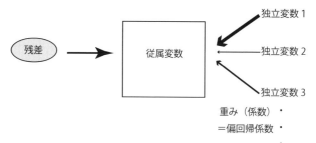

図 6-6　重回帰分析の概念図

3．2　重回帰分析の発想とその手順

　重回帰分析では、従属変数をいくつかの独立変数の線形加算として表そうとする（図 6-6）。このとき、独立変数の影響を調節するために、それぞれの独立変数に重み（<u>係数</u>）をかけ合わせる。加えて、<u>独立変数</u>と重みの積の合計が 0 のときに、<u>従属変数</u>が 0 になるとは限らないので、この調節のための値を定数として加える。

　つまり、重回帰分析では、独立変数によって、従属変数をもっとも効率よく説明するように重みと定数を調節すればよいことになる。その結果、独立変数から従属変数を予測することができるようになる。また、それぞれの独立変数の従属変数への影響力（重み）も評価できることになる。なお、実際には、いつも従属変数を独立変数によって説明（予測）できるわけではないので、この説明（予測）できない要素は残差と呼ばれている。

　実際の重回帰分析では、この残差がもっとも少なくなるように重みと定数を調節する。ところが、それは独立変数が複数あるうえに、それらが影響し合っている可能性があるために複雑になる傾向がある。もし、他の独立変数の影響があったとすれば、その独立変数の従属変数に対する影響力が適切に評価されなくなることで適切な分析を行うことが出来なくなる。

　例えば、"寿命への年齢と一食あたりの塩分摂取量の影響"を調べようとしていると仮定する。すると、寿命と一食あたりの塩分摂取量には負の相関があることは、日本の様々な地域での減塩活動の結果からもおぼろげながらも予測できる。したがって、塩分摂取量が高い人ほど寿命は短くなる傾向があること

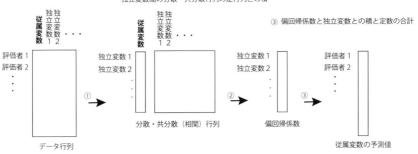

① 変数間の分散・共分散（相関係数）を算出

② 独立変数と従属変数の共分散，
独立変数間の分散・共分散行列の逆行列との積

③ 偏回帰係数と独立変数との積と定数の合計

図 6-7 重回帰分析の分析手順

が考えられる。それでは、寿命と年齢の関係はどうであろうか。もし、年齢の高い人は健康の知識も高く健康を気遣っていたとすれば、寿命との相関のみではなく、塩分摂取量とも相関があると考えられる。つまり、寿命と塩分摂取量の関係を考えるには、年齢と一食あたりの塩分摂取量、年齢と寿命の相関を除いて考える必要があることがわかる。これは、寿命への年齢の影響を考える場合も同様であり、すべての変数間の関係を考える必要がでてくる。以上のように、ある特定の独立変数と従属変数の相関を考えるときに、他の変数からの影響を除いた相関のことを偏相関と呼んでいる。

　重回帰分析においてもこの考え方が用いられており、その計算においては、最小二乗法という方法が用いられている。実際には、従属変数の値と予測値の差の二乗値がもっとも小さくなるように、重みと定数を決定する。この計算には従属変数と独立変数の共分散、独立変数同士の分散・共分散が用いられる（図 6-7）。

3．3　独立変数と従属変数との関係と諸係数

　偏回帰係数は各独立変数の結果への影響度（重み）を表していた。ところが、変数ごとの重みの大きさを直接比較できない点には注意しなくてはならない。一方で、標準偏回帰係数は標準化された（平均値が 0、標準偏差が 1 となるように変換）されたデータを用いて計算したときの重みとなっている。この係

数では、変数ごとの重みの大きさを直接比較することが可能になる。ところが、標準化されていない偏回帰係数は、変数ごとに値の最小値と最大値、分散が異なるために、それらが重みに含まれてしまう。

つまり、従属変数の予測値を算出するという意味では十分であるが、どの独立変数が従属変数にどの程度影響しているのかの相互関係を読み取ることはできない。一方で、標準偏回帰係数は、すべての変数が標準化された値をもちいるので、これにより算出された重みは、その大きさを比較することができる。この値は絶対値が大きいほど、従属変数に影響を与えていることを示している。また、その値が正の値のときは、独立変数が大きいほど従属変数も大きくなる関係にあり、逆に、負の値のときには、独立変数が大きいほど従属変数は小さくなる関係にあることを示している。

なお、この値は相関係数とは異なり、必ずしも、-1 から 1 の範囲に収まらないこともある。t 値とその有意性は、独立変数ごとに標準偏回帰係数が 0 でないかを t 検定した結果で判断する。この検定により有意な関係があると判断できる場合は、その独立変数は従属変数と相関があり、予測結果にそれらの積の値を考慮する必要があることを表している。

次に、重相関係数は従属変数と算出された重みを用いて求めた従属変数の予測値との相関係数で、重決定係数はその 2 乗の値。

重決定係数は、従属変数の予測式の精度を表しており、重決定係数 0.7 は予測に用いた独立変数の 70% を説明・予測できることを示している。この有意性は重決定係数が 0 であるかについて、予測式で説明される分散と説明できない分散 (残差) を用いた分散分析の結果により表し、分析により得られた独立変数による従属変数の予測式が役に立つかどうかを検定している。重回帰分析では、一般に独立変数が予測に役立たないとしても、その数が多くなるほど単純に重決定係数が高くなる傾向にある。

したがって重回帰分析では、いたずらに独立変数をたくさん投入するだけでは正しい分析結果は期待できない。そこで、重回帰分析でモデルを作成する際には説明変数を選択しなければならない。適切な変数を選択することは

その分析結果に一定の説得力もたらす。

説明変数の選択方法として、

①被説明変数と相関の高い順に説明変数を加えて回帰分析を繰り返し、p値が大きい変数（例えば 0.05 以上）のものが出た段階で繰り返しをやめ、最終結果とする<u>変数増加法</u>

②最初に変数を全て使った回帰分析を行い、p 値が大きいもの（仮に 0.05 以上のもの）と説明変数間での相関が大きいものを外す<u>変数減少法</u>

③<u>ステップワイズ法</u>

などがある。この方法は最も多く利用されている説明変数の選択方法で、回帰分析の結果の自由度調整済 R 二乗値、F 値と係数の p 値を見ながら、どの組み合わせが最も当てはまりが良いかを探る方法である。

コラム 6-3 重回帰分析

表 6-a のデータは、横長の行列になっており、重回帰分析は計算上実行できないので、香粧品1番の32名分のデータを使用して分析を実施した。目的変数は希望に満ちたとして、説明変数が15の評価語である。<u>ステップワイズ法</u>で、変数選択の基準は、Fin=2.0 で Fout=2.0 で実施した。

結果は、重相関係数が 0.675 であまり高くはなく、変数選択の結果は表6-c となった。

表6- c　ステップワイズ法の結果

説明変数	分散比	P値(上限)	偏回帰係数	標準偏回帰	トレランス
定数項	0.826	0.371	-8.474		
元気のある	2.133	0.155	4.743	0.224	0.83
爽やかな	13.721	0.001	8.6	0.545	0.898
スパイシー感	2.021	0.166	2.55	0.212	0.875

表6- d　分散分析表

要因	平方和	自由度	分散	分散比	検定	P値(上限)
回帰	4813.369	3	1604.456	7.807	**	0.001
残差	5754.631	28	205.523			
計	10568	31				

重回帰式は、

$$希望に満ちた = 4.743・元気のある + 8.600・爽やかな$$
$$+ 2.550・スパイシー感 - 8.474$$

だった。分散分析の結果は表 6-d であり、1% 水準以下で回帰が有意であり、この重回帰式がデータに当てはまっているといえる。重相関係数の2乗の重決定係数は 0.455 であり、この重回帰式は、希望に満ちた値を十分に予測できているとは必ずしもいえないということを表している。

4．主成分分析[2]

　クラスター分析を用いれば変数や評価者の評価等をいくつかのグループに分けることができる。ところが、現実には同じグループであっても、その変数や評価の特徴が完全に一致するとは考えづらい。各グループ内では、グループ間ほどではないにしても一定の違い（ばらつき）があると考える方が一般的だと思われるからである。

　前述のように、主成分分析では多くの場合、データに隠れたいくつかの共通要素（潜在因子）を抽出して、それらの要素へのそれぞれの変数への重みをそれぞれ定めることにより、分析しているデータ全体（以下、データ群）の情報集約を行う。あわせて、主成分分析に用いた元のデータ群は、分析後の主成分軸により構成される空間における位置（主成分得点）へ個別に変換することもできる。

4．1　主成分分析とは

　主成分分析は、測定した多くの変数を組み合わせて、それよりも少ない新しい変数を作ることにより、測定したデータ群の特徴を集約したモデルで表す。ただし、変数の数を少なくするといっても、測定したデータ全体が持つ情報がその分だけそのまま失われるのではなく、新しい変数に質問項目の回答の特徴

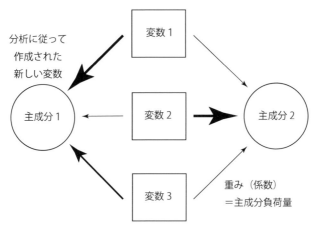

図 6-8　主成分分析の概念図
矢印の太さは、主成分と変数の関係の程度（重み）の大きさ

を集約した（統合的な）ものになっている。以上のような特徴を持った変数を主成分と称す（図 6-8）。

　ここで、以上を身近な例に当てはめると以下のようになる。

　まず、前述の例（図 6-3）に挙げた、5 科目（国語、算数、理科、社会、英語）の学力テストを複数の参加者に行ったとする。次に、この結果に対して主成分分析を行うと、参加者の総合的な学力を表す「総合学力」を表す主成分（変数）が決まり、次に、（仮に）理科系の学力を表す主成分が、さらに文化系の学力を表す主成分、…とデータ群が持つ特徴を再定義することが可能となる。その結果、元のデータ群の情報を最も多く持っている主成分（第一主成分）に従って参加者の 5 科目の得点を変換すると、参加者それぞれの総合的な学力を個別に評価することができる。同様に、第二主成分に従えば理科系の学力を、さらに第三主成分によって文化系の学力を個別に評価することが可能になる。

4．2　算出の発想と手順

　ここでは、説明を簡単にするために、図 6-8 のように 3 つの質問（変数）について複数の評価者から評価が得られている場合を想定する。次に、この 3

つの変数から2つの新しい変数（主成分）を作成することを考える。

　なお、2つの変数は、すでに得られている3つの変数のそれぞれに重み（係数）をつけることで新しい変数への関係の程度を、式6-1のように定めることとする。そのために、新しい変数が、元の3つの変数の値（データ群）をもっとも効率よく表す（集約する）ように、下式のそれぞれの重み係数を決定しなければならない。

　　新しい変数1（主成分）new = 重み係数1×変数1＋重み係数2×変数2+ 重み係数3×変数3　　　　　　　　　　　　　　　　（式6-1）

　その目的のために、新しく作られる変数は、元のデータ群の分散が最大になるようにそれぞれの重み係数を調節する。ここで、分散がもっとも大きいということは、一つの変数で元のデータ群の特徴を最も多く表すことができることと同じ意味となる。

　以上を図的に解釈すると、図6-9のようにデータ群の分布の中心からもっとも散らばり（分散）が大きい方向に直線を引くことに相当し、これを第一主成分軸とする。続いて、2番目に分散の大きな方向（図中の破線の方向）に直線を引くと、第一主成分に対して直角（第一主成分とは相関を持たない）方向になり、これを第二主成分軸とする。この直線の方向は、第一主成分で表す

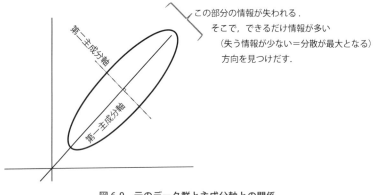

図6-9　元のデータ群と主成分軸との関係

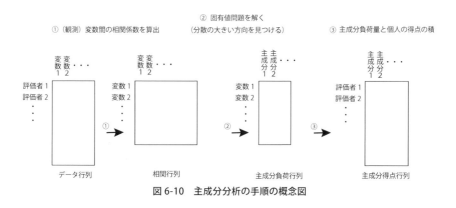

図 6-10　主成分分析の手順の概念図

ことが出来なかった残りの情報を、最も多く表す主成分軸の方向に相当する。

　なお、主成分分析では、主成分軸は変数の数と同じ数だけ求めることができる。また、重み変数の二乗の和 $\Sigma_i (\text{重み変数}_i)^2$ は 1 と仮定している。

　実際の計算手順（図 6-10）では、まず、もとの変数間の全ての組み合わせの相関係数（相関行列）を算出する。この相関行列をもとに、行列の固有値問題と呼ばれる問題を解くことにより、新しく作られる変数の分散（固有値）と、もとの変数への重み（固有ベクトル）が算出される。この計算では、変数への重みがどのような値でも当てはめられてしまうので、それぞれの重みの 2 乗の合計を 1 に制限することで、重みを一意に決定する。なお、固有値は、もとの変数の数（例では 3 つ）だけ存在し、もっとも大きいものから順に採用する。

　次に、一定の基準に従って採用された固有値と固有ベクトルの方向から、元の変数から新しい変数（主成分）へ変換式を規定することができる。最後に必要に応じて、それぞれの主成分に対する元のデータ（図 6-10 ではそれぞれの評価者の評価）の位置を求める。

4.3　分析結果の考察

　主成分分析では、主成分の数は、元の変数の数だけ求めることができる。ただし、求められた主成分を全て採用してしまうと、データ群の持つ情報を

圧縮したことにならなくなってしまう。そこで、何らかの基準を定めて、できる
だけ少ない主成分で元のデータ群の情報をできるだけ多く表す必要がある。

　その基準には、

　　　①固有値が 1 以上の主成分を採用する（カイザー基準）

　　　②固有値の減少傾向が弱くなる手前までの選択する（スクリー基準）

　　　③累積寄与率が規定値以上になるまで選択する

　などがある。

　ここで寄与率とは、多くの主成分のうち特性の主成分が元のデータ群の特
徴を表すことができる程度であり、その主成分に対応する固有値を変数の数
で割った数に相当する。また、累積寄与率とは、順番に採用された主成分ま
での寄与率の合計を表している。また、カイザー基準における、"固有値が 1
以上"とは、固有値が 1 以上である場合、その主成分はもとの変数の情報と
同等以上の情報を持っていることを意味している。

　ここで、実際の報告書には「本報告では、固有値の減少傾向と累積寄与
率が 60% 以上の基準から 2 つの主成分を採用した」といった主成分の採用基
準を述べる必要がある。次に、主成分を採用する数を決定したら、表 6-2 の
ような分析結果に関する表を作成して記載する。

表 6-2　評価項目の主成分分析結果

評価項目	第一主成分	第二主成分
評価項目 1	0.58	**0.67**
評価項目 2	**0.61**	0.59
評価項目 3	**0.75**	-0.05
評価項目 4	**0.77**	-0.16
評価項目 5	**0.71**	-0.14
評価項目 6	0.26	**0.65**
評価項目 7	**0.68**	-0.47
評価項目 8	**0.75**	-0.51
評価項目 9	**0.65**	-0.2
評価項目 10	**0.48**	0.37
固有値	4.13	1.92
寄与率（%）	41.27	19.23
累積寄与率（%）	41.27	**60.5**

　なお、この表には主成分負荷
量、固有値（新しい変数の分散）、
寄与率、累積寄与率も記載する
必要がある。

　なお、主成分負荷量は相関係
数と同じ意味をもつ値。正の値の
場合は、もとの変数の値が大きい
ほど、新しい変数の値も大きくな
るという関係にあり、逆に負の値
の場合には、もとの変数の値が大
きいほど、新しい変数の値は小さ

くなるという関係にある。

　また、同じ主成分の主成分負荷量の 2 乗の合計が固有値の値になる。加えて採用した主成分には、その主成分が表している内容を解釈して、実験者が命名するのが一般的になっている。ただし、この解釈はコンピュータなどの情報処理装置では自動化できないので、主成分負荷量の高い元の変数 (評価項目、例えば表6-2の太字部分) に共通している要素を見極めて、その主成分が何を表しているのかを解釈して簡潔に命名しなくてはならない。

　加えて主成分分析では、第一主成分がもとの変数の共通要素になり、第一主成分で説明できない情報が第二主成分というようにデータが集約されてゆく。

　したがって、一般に、第一主成分は、もとの変数全体の統合的な内容を示し、第二主成分以降は、評価者の個別的特徴を表すことが多いと考えられる。加えて、第一主成分の寄与率が比較的高くなる傾向にある。さらに、主成分分析の結果を用いて他の分析を行うことが予定される場合には、主成分得点を求める必要がある。主成分得点は、新しく作られた変換式にもとの変数を標準化した値を代入して算出した値になっている。またこの値は、主成分負荷量ともとの変数の値の積の合計となる。

　主成分得点は、主成分ごとに評価者それぞれの新たな評価値が算出される。したがって、繰り返しになるが、ここで出力される主成分得点は標準化されているので、もとの変数と単純比較はできない点に注意する必要がある。一方で、この主成分得点を用いて評価に用いた素材 (サンプル) や項目ごとの平均値や標準偏差を求めることができる。

　実際の報告書によく用いられる図は、「評価者ごとの得点を含め、それらの主成分得点を散布図にあらわしたもの」になる。この図は、主成分得点布置図と呼ばれ、これを用いると評価者やサンプルが、主成分空間中にどのように分布しているかを視覚的に捉えやすくなっている。一方で、関係を図示することから、2 つないしは 3 つの主成分間の関係しか表すことが出来ない欠点もある。

コラム6-4　主成分分析

　主成分分析を表6-a で実施した。固有値 1.0 以上で5主成分が得られ、累積寄与率は 92.2% であった。主成分負荷行列において、各評価語で、主成分負荷量の値から最大値に網掛けをした。主成分4まで網掛けされた

表 6-e 主成分負荷行列

評価語	主成分1 高級感	主成分2 紅茶風な	主成分3 活動性	主成分4 シャキッと感	主成分5
贅沢な	0.704	0.548	0.338	0.072	-0.139
スッキリした	0.780	-0.447	-0.062	0.039	0.350
フレッシュな	0.779	-0.485	0.095	0.149	-0.124
やわらかい	0.690	-0.127	-0.518	0.391	-0.086
凛とした	0.797	-0.196	0.222	-0.286	-0.217
元気のある	0.198	-0.283	0.662	0.651	0.102
優美な	0.758	0.441	0.014	-0.358	-0.047
躍動感のある	-0.069	-0.441	0.668	-0.181	-0.488
爽やかな	0.702	-0.561	0.101	0.074	0.194
スパイシー感	-0.291	-0.052	0.527	-0.544	0.496
紅茶のような	0.241	0.620	0.316	0.263	0.600
草原感	0.651	-0.458	-0.294	-0.264	0.414
洗練された	0.833	0.048	-0.075	-0.370	-0.124
華やかな	0.849	0.451	0.096	0.161	-0.157
上品な	0.874	0.436	0.002	-0.045	-0.040
固有値	6.677	2.565	1.819	1.453	1.320
寄与率	0.445	0.171	0.121	0.097	0.088
累積寄与率	0.445	0.616	0.737	0.834	0.922

表 6-f 主成分得点

サンプル	主成分1	主成分2	主成分3	主成分4	主成分5
s1	0.192	0.124	0.269	-1.775	0.306
s2	0.047	-2.201	0.973	0.503	-0.026
s3	0.045	0.326	-0.803	-1.379	-0.758
s4	-1.339	0.071	-1.031	1.204	-1.591
s5	0.582	0.645	1.972	0.468	-0.559
s6	-1.340	-0.271	-0.223	-0.595	0.993
s7	0.671	1.272	0.287	0.126	-0.790
s8	-0.208	-0.692	-0.045	-0.296	-0.067
s9	-0.672	1.130	0.098	1.022	1.864
s10	2.021	-0.404	-1.497	0.723	0.629

評価語が存在し、これらをまとめ主成分の解釈を行なった。主成分5で網掛けされた評価語がなかったので、解釈できなかった（表6-e）。

　主成分得点を求め（表6-f）、各10種のサンプルごとで、主成分1と主成分2の値を図示した（図6-b）。

　図6-aのクラスター分析での結果と比較してみる。ともに、10種のサンプルの関係性を表現している。1、3、5、7のまとまりは、共通しているように見えるが、他はまとまりの共通性が見られない。図6-bは、高級感と紅茶風なという2つの視点からの布置であり、図6-aは総体としての関係性のまとまりである。主成分分析の方が、各サンプルの布置の意味を読み取ることができる。

　2節の重回帰分析で述べられている「多重共線性」の問題を避ける一つの手立てが、主成分得点を使用した重回帰分析である。各主成分は直交しているので、得られた主成分得点は、主成分間での相関は0となる。

　これらの主成分を説明変数にして重回帰分析を行うと、多重共線性を完全に避けることができる。表6-fから得られた重回帰式は、

希望に満ちた＝3.653・主成分1－0.319・主成分2＋2.106・主成分3＋3.139・主成分4－0.169・主成分5＋40.771

となった。

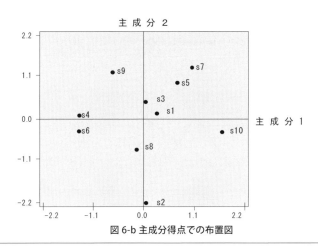

図6-b 主成分得点での布置図

5．因子分析とは[2]

　主成分分析は、測定した変数を新たな変数へ再構成することにより、測定データ全体の持つ情報を集約したり、それらの特徴を解釈したりする分析であった。一方、因子分析は主成分分析と似ていると感じている方もいるかもしれないが、根本的な発想が異なる手法なので、この分析法を選択する時には注意が必要になる。

　前述のように、因子分析は直接観察できない概念や要素を想定して、これを発見しようとする分析といえる（図6-11）。ここで仮に、主成分分析と同じ5科目（国語、算数、理科、社会、英語）のテストを行った結果を因子分析したとすると、その結果は、主成分分析のように「総合学力」を表す要素ではない。例えば算数に注目したとすると、算数の学力等から、（仮に）文化系の算数の学力（要素1）と理科系の算数の学力（要素2）といった要素を抽出することになる。この要素を因子と称す。

5．1　算出の発想と手順

　因子分析で分析できるデータの尺度は、主成分分析と同じ量的データになる。ただし、測定データの項目数よりも評価者の数が多くなければならない。

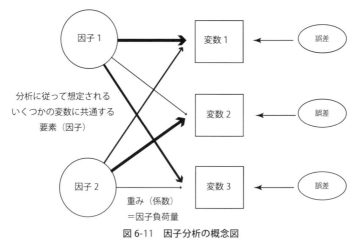

図6-11　因子分析の概念図

また、因子分析は、主成分分析のように変数をまとめて新しい変数に集約することではなく、いくつかの変数の共通した要素（因子）を見つけることが目的となっている。

したがって、因子分析ではいくつかの因子から、もとの変数が構成されていると考える（式6-2）。これを図6-11ように、もとの変数と因子との関係の程度として捉えて、それぞれの変数に重み（係数）をかけ合わせることで表わす。この重みを因子負荷量と称する。加えて、因子の組み合わせで説明しきれない値や、または恣意的に取り除く値など、もとの変数の要素との差分を誤差としている。それらの因子負荷量の2乗の合計は共通性（h^2）、誤差の2乗は独自性と呼ばれている。また、これらの共通性と独自性の合計を1に制限している。以上からも、因子分析は測定データから誤差を取り除いて、共通の要素（因子）を見つける分析といえる。そのような誤差は、主成分分析では想定されていない。

このような因子の算出手順（図6-12）は、主成分分析と似ている。まず、（標準化した）データの相関係数（相関行）を算出する。次に、これをもとに因子負荷量を算出する。因子分析では、この手順が複雑になる。

それは、因子分析では、相関行列から誤差（独自性）を差し引いて考えるためである。このことは、相関行列の同じ変数間の部分（これを対角成分と呼ぶ）の1を共通性に置き換えるという手続きにより行われる。主成分分析ではこのような置き換えは行わない。なお、この共通性の値は事前にはわからないので推

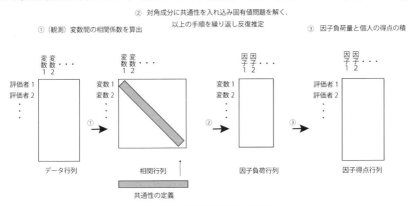

図6-12　因子分析の計算手順

定することになる。そして、この推定された共通性により因子負荷量を算出する。

　ここで、例えば分析の結果、図 6-11 のような 2 つの因子が抽出されたとすると、もとの算数の得点 old は、以下のような新たな変数 new とそれぞれの重みの組み合わせとして下式のように表されることになる。

　　算数の得点 old ＝ 重み係数 1 × 変数 new1 ＋ 重み係数 2 × 変数 new2

（式 6-2）

　なお、この式の右辺はすべて未知数で、重み係数を因子負荷量、変数 new は潜在変数の得点で因子得点と称する。主成分分析（式 6-1）では重み係数だけが未知数であったのに対して、因子分析では変数までもが未知数であるために、式 6-2 以外の関係も用いてそれぞれの値を求める。

　その方法の一つに、共通性を推定する方法がある。この推定には、主因子法と呼ばれる方法がよく用いられている。主因子法では、まず仮の共通性（共通の初期値）を設定する。この共通性の初期値には、相関係数の最大値や重決定係数が用いられる。まず、この仮の共通性を用いて固有値問題を解くことにより、とりあえずの因子負荷量が得られる。次に、このとりあえずの因子負荷量から共通性を算出する。この値は、共通性の初期値と大きく異なるものになることが多い。そこで、この算出された共通性を、再度、対角成分に入れ込んで因子負荷量を計算し、新たな共通性を決定する。

　以上の作業を、共通性の値の変化が事前に決めた値とりも小さくなるまで、または事前に決めた回数の範囲で繰り返すことで、一定の精度の因子負荷量を求める。

　なお、計算に用いる共通性の推定法には、主因子法以外に、

　　　①最尤法
　　　②最小二乗法
などの方法がある。

　因子分析でも主成分分析と同様に、各因子がどのような内容を表しているのかの解釈を行う。そこで、因子分析が終了した結果の解釈をしやすくするため

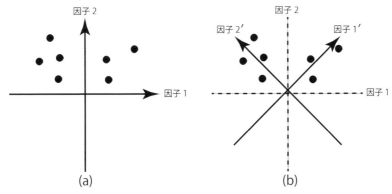

図 6-13 因子分析と回転

に"回転"と呼ばれる処理がなされる。ここで、回転の方法にはさまざまな方法がある。

　それらの方法の基本的な考え方に単純構造という考え方がある。単純構造とは、それぞれの変数がどれか 1 つの因子に高い相関をもつことをいう。これは、図 6-13(a) の回転前の因子負荷量（図中の●）の分布に対して、同図 (b) のように回転させて新たな軸の近くにデータが近づいている状態のことをさす。この回転は、変数間の関係を変化させずに、なるべく 1 つの因子と相関が高くなるように、因子負荷量を変換することといえる。

　この回転には、直交回転と斜交回転の 2 種類がある。直行回転では、因子間に相関が全くないことを前提として回転するのに対して、斜交回転ではこれを前提とはしていない。斜交回転を行った場合には、因子負荷量（因子パターン）と因子構造（相関行列）の 2 つの分析結果が表示される。ここで、因子構造とは、変数と因子の相関係数を表している。一般に、直交回転のバリマックス法がよく用いられている。直交回転には、他にも、クオーティマックス法やエカマックス法などの方法がある。また、斜交回転にもプロマックス法やオブリミン法などの方法がある。これらの方法の違いは、単純構造の考え方の違いやその評価基準が異なる点にある。

　なお、直交回転と斜交回転の結果は大きく異なることもあり、斜交回転の方が単純構造を得られることもある。これは、直交回転では現実のデータがその

表6-3 因子ごとの固有値・寄与率・累積寄与率
（主因子法、バリマックス回転）

	初期値			回転後		
因子	固有値	寄与率（%）	累積寄与率（%）	固有値	寄与率（%）	累積寄与率（%）
1	3.84	38.86	38.86	2.46	24.64	24.64
2	1.92	19.16	58.03	1.81	18.15	42.79
3	1.04	10.39	68.42	1.45	14.55	57.34
4	0.75	7.50	75.91			
5	0.62	6.20	82.12			
6	0.55	5.53	87.65			
7	0.43	4.34	91.98			
8	0.34	3.37	95.36			
9	0.25	2.54	97.90			
10	0.21	2.10	100.00			

内包する因子間に全く相関を持たない、という前提の不自然さが原因の一つになっていると考えられる。一方、斜交回転では因子間の独立（無相関）を前提としていないので想定すべきモデルが複雑になる場合がある。

５．２ 分析結果の考察

　因子分析でも、まず、採用する因子の数を決定する。この採用数についても主成分分析のときと同じ基準が用いられる。ただし、主成分分析では第１主成分に寄与率が偏る傾向があるのに対して、因子分析では寄与率が複数の因子に均等になり、採用される因子数も多くなる傾向がある。また、因子分析では主成分分析に比べ寄与率が低くなる傾向があり、潜在変数の発見が第一の目的となっている関係から、累積寄与率が50％以下の場合でもその因子数が採用されることもある。さらに、評価項目（変数）の数と採用できる因子数の関係にはレダーマンの限界と呼ばれる最低数があるといわれている。たとえば、１因子を抽出するには評価項目が最低３つ、２因子では５つ以上必要という基準がある。

　したがって、因子分析を適用する際には、ある程度の質問項目数を用意しておく必要があると考えられる。また報告書には、共通性の推定方法、回転の種類とともに因子数の決定基準についても記載する必要があり、例えば「主

因子法、バリマック
ス回転により、固有
値が1以上の基準
から3因子を抽出し
た」のようになる。こ
こで、表6-3に10
因子が抽出された
因子分析のすべて
の<u>固有値</u>、<u>寄与率</u>、
<u>累積寄与率</u>の例を
記載した。

表6-4　評価項目の因子分析結果（主因子法、バリマックス回転）

評価項目	F1	F2	F3	共通性
1.○○因子				
評価項目8	0.88	-0.09	0.29	0.86
評価項目4	0.72	0.01	0.27	0.59
評価項目9	0.71	0.11	0.09	0.52
評価項目5	0.58	0.28	0.11	0.43
2.○○因子				
評価項目1	0.24	0.8	-0.06	0.7
評価項目2	0.16	0.76	0.25	0.66
評価項目6	-0.11	0.53	0.08	0.3
評価項目10	0.08	0.39	0.27	0.23
3.○○因子				
評価項目3	0.26	0.87	0.87	0.89
評価項目7	0.42	0.61	0.61	0.56
固有値	2.46	1.81	1.45	
寄与率(%)	24.64	18.15	14.55	
累積寄与率(%)	24.64	42.79	57.34	

　採用する因子の数を決定したら、表6-4のような表を作成する。因子分析
では、採用する因子数や回転によって、因子ごとの固有値や寄与率も変化
するので表の記載や解釈の際には、その因子数のときの出力結果を用いる
必要がある。報告書にはこのような表（<u>回転後の因子負荷量</u>、<u>共通性</u>、<u>固有値</u>、寄与率、累積寄与率を内包）を記載する。

　この表は共通性を記載する以外は、主成分分析とほぼ同じになる。ただし、
因子負荷量は、因子ごとに絶対値で大きい項目から順に並べ換えて記載す
る。また、斜交回転の場合には因子負荷量（因子パターン）と因子間の相
関係数を記載する。

　また、主成分軸と同様に、因子分析においても、主成分分析と同様に因
子の内容を解釈して命名し、その因子名も記載する。ただし、因子分析の
因子は、主成分分析の主成分とは異なり、因子それぞれが個別の概念を表
している。主成分分析では、5科目の学力テストの結果から総合学力と理科
系の能力といった主成分が抽出される例を取り上げたが、因子分析では、同
じデータにおいて、算数における文系的な能力と理系的な能力と解釈できる
ような因子が抽出されることになる。

　なお、経験的に、実際の分析で因子分析を採用した場合、一度の分析で

終了することはあまりないと考えられる。一般的には、共通性の推定や回転の手法、因子数や因子の採用の基準を変えて何度か分析を試みて、その中で最も適当だと判断される結果を採用する。

　また、事前に因子数が確定されている場合には、因子負荷量や共通性をみながら分析に用いる変数の増減を行い、何度か分析してから先行研究との適合性を検討する必要がある。

コラム6-5　因子分析

　表6-aのデータは、横長の行列になっており、重回帰分析と同様に因子分析は実行できないので、香粧品1番の32名分のデータを使用して分析を実施した。

　主因子法での結果は表6-gで、固有値と累積寄与率から第4因子までを考えることにした。因子負荷行列は表6-hで、各評価語で4つの因子の中での負荷量の最大値に網掛けをした。

　次に、バリマックス回転を行なった結果は表6-iである。

　表6-iの結果は表6-hに比べて、4つの因子に網掛けされた評価語が散らばっていることがわかる。各因子を構成する評価語がより明確になっている。なお、共通性の値を考えると、"凛とした"の値が低くなっているので、この評価語を削除して、再度分析を行う必要があるようである。

表6-g 固有値の推移

No	固有値	寄与率	累積寄与率
1	6.381	0.425	0.425
2	2.039	0.136	0.561
3	1.319	0.088	0.649
4	1.206	0.080	0.730
5	0.956	0.064	0.793
6	0.669	0.045	0.838
7	0.496	0.033	0.871
8	0.458	0.031	0.902
9	0.417	0.028	0.929
10	0.308	0.021	0.950
11	0.254	0.017	0.967
12	0.185	0.012	0.979
13	0.154	0.010	0.989
14	0.098	0.007	0.996
15	0.061	0.004	1.000

表 6-h 回転なしの因子負荷行列

評価語	因子1 総合的	因子2 活動性	因子3	因子4 紅茶風な	共通度
贅沢な	0.655	-0.129	0.072	0.124	0.467
スッキリした	0.807	0.030	-0.310	-0.165	0.776
フレッシュな	0.718	0.156	-0.145	-0.274	0.636
やわらかい	0.562	-0.362	-0.190	0.160	0.509
凛とした	0.585	0.002	-0.150	0.083	0.372
元気のある	0.445	0.564	0.143	0.153	0.560
優美な	0.775	-0.222	0.196	-0.055	0.691
躍動感のある	0.477	0.629	0.289	0.079	0.713
爽やかな	0.745	0.211	-0.283	-0.274	0.754
スパイシー感	-0.174	0.558	0.080	0.334	0.460
紅茶のような	0.173	-0.200	-0.285	0.636	0.556
草原感	0.658	0.120	-0.415	0.139	0.640
洗練された	0.793	0.211	0.126	0.039	0.691
華やかな	0.733	-0.175	0.423	-0.005	0.747
上品な	0.747	-0.498	0.383	0.108	0.965
二乗和	6.057	1.670	1.005	0.806	
寄与率	0.404	0.111	0.067	0.054	
累積寄与率	0.404	0.515	0.582	0.636	

表 6-i バリマックス回転後の因子負荷行列

評価語	因子1 紅茶風な	因子2 高級感	因子3 活動性	因子4 清々しさ	共通度
贅沢な	0.201	0.541	0.105	0.350	0.467
スッキリした	0.095	0.322	0.039	0.813	0.776
フレッシュな	-0.111	0.300	0.143	0.717	0.637
やわらかい	0.384	0.427	-0.189	0.380	0.510
凛とした	0.218	0.300	0.109	0.472	0.372
元気のある	0.006	0.139	0.676	0.290	0.560
優美な	0.034	0.724	0.032	0.405	0.691
躍動感のある	-0.131	0.214	0.762	0.264	0.713
爽やかな	-0.062	0.210	0.148	0.828	0.755
スパイシー感	0.101	-0.294	0.577	-0.173	0.460
紅茶のような	0.737	0.070	-0.002	0.031	0.549
草原感	0.361	0.139	0.153	0.684	0.641
洗練された	0.046	0.508	0.410	0.513	0.691
華やかな	-0.035	0.816	0.158	0.235	0.747
上品な	0.157	0.952	-0.084	0.164	0.965
二乗和	0.991	3.333	1.697	3.513	
寄与率	0.066	0.222	0.113	0.234	
累積寄与率	0.066	0.288	0.401	0.636	

【引用文献】

1）神宮英夫，笠松千夏，國枝里美，和田有史（編著）：『実践事例で学ぶ官能評価』，日科技連（2016）

2）神宮英夫，土田昌司：『わかる・使える多変量解析』，ナカニシヤ出版（2008）

【参考文献】

3）足立浩平：『多変量データ解析法—心理・教育・社会系のための入門』，ナカニシヤ出版（2006）

4）市原茂，梶谷哲也，小松原良平：『製品開発に役立つ感性・官能評価データ解析—R を利用して—』，（株）メディア・アイ（2015）

5）大澤光，神宮英夫：『心理統計法』，一般社団法人　放送大学教育振興会（2012）

6）河口至商：『多変量解析入門 I 』，森北出版（株）（2015）

7）菅民郎：『らくらく図解　統計分析教室』，オーム社（2006）

8）小塩真司：『SPSS と Amos による心理・調査データ解析—因子分析・共分散構造解析まで 第 3 版』，東京図書（2015）

9）櫻井広幸，神宮英夫：『使える統計学—Excel で学ぶ実践心理統計学』，ナカニシア出版（2003）

10）古谷野亘：『数学が苦手な人のための多変量解析ガイド—調査データのまとめ方』，川島書店（1988）

11）本多庸悟：『目からウロコ「情報の数学」再入門』，日刊工業新聞社（2007）

12）涌井良幸，涌井貞美：『ピタリとわかる多変量解析入門』，誠文堂新光社（2005）

索 引

索引

執筆者一覧（50 音順）

飯田 文子　日本女子大学 家政学部

市原 茂　　東京都立大学（名誉教授）

井上 裕光　元千葉県立保健医療大学

上田 玲子　東京大学大学院 農学生命科学研究科

荻野 浩幸　カゴメ株式会社 イノベーション本部 安全性評価技術開発部

梶谷 哲也　（株）メディア・アイ 感性評価研究所

北川 智利　立命館大学 BKC 社系研究機構

木村 敦　　日本大学 危機管理学部

國枝 里美　立命館大学 食マネジメント学部

黒木 忍　　NTT コミュニケーション科学基礎研究所

小塚 彦明　食品評価技術研究所

小林 三智子　十文字学園女子大学（名誉教授）

西念 幸江　東京医療保健大学 医療保健学部

神宮 英夫　金沢工業大学 感動デザイン工学研究所

田手 早苗　アサヒ飲料株式会社 研究開発本部 商品研究所

田中 吉史　金沢工業大学 情報フロンティア学部

中村 卓　　明治大学 農学部

早川 文代　国立研究開発法人 農業・食品産業技術総合研究機構
　　　　　　食品研究部門

増田 知尋　文教大学 人間科学部

三尋木 健史　キユーピー株式会社 研究開発本部

和田 有史　立命館大学 食マネジメント学部

必読　官能評価士認定テキスト

―――――――――――――――――――――――――――――――――

2020年1月15日　第1刷発行
2024年7月10日　第2刷発行

　　　　編 者　一般社団法人　日本官能評価学会

　　　　発行所　㈱ 霞出版社

　　　　　　〒102-0074　東京都千代田区九段南4-6-1-203
　　　　　　電話　03-3556-6022　Fax　03-3556-6023
　　　　　　e-mail　info@kasumi-p.net
　　　　　　URL　http://www.kasumi-p.net

―――――――――――――――――――――――――――――――――
　　　　　　　　　　　　　　印刷・製本　精文堂印刷㈱